비즈니스
매너

이 도서의 국립중앙도서관 출판예정도서목록(CIP)은 서지정보유통지원시스템 홈페이지
(http://seoji.nl.go.kr)와 국가자료종합목록 구축시스템(http://kolis-net.nl.go.kr)에서
이용하실 수 있습니다. (CIP제어번호 : CIP2019045197)

성공의 기회는
매너가 좋은
사람에게 찾아온다

비즈
니스
매너

이재권 지음

MANNERS
MAKE
OPPORTUNITIES

따비

첫 책 《자기만의 미래를 선택하라》에 이어 두 번째 책을 내게 되었다. 나는 이 책을 첫째, 비즈니스에서 능력 못지않게 행실과 태도가 중요함을 강조함으로써 지금 함께 일하는 임직원들 및 비즈니스에 종사하고 있는 사람들의 업무에 보탬이 되기를 바라며, 둘째, 미래의 어느 날부터는 자기 인생에 필요한 경제를 스스로 책임져야할 우리 아이들이 사회적 됨됨이를 갖추도록 준비시키기 위해 썼다.

나는 이러한 일에 깊이 있는 전문가도 아니고 사업에 큰 성공을 이룬 적도 없는 사람이라는 것을 우선 밝혀두고 싶다. 단지 20여 년간 직장생활을 비롯한 여러 가지 사업을 이어왔고, 자본이나 유사 기득권이 없는 상황에서 어떻게 하면 조금이라도 쉽게 불평등한 사회 구조에서 빠져나올 수 있는지를 고민해왔던 사람이라고 말하고 싶다. 이 책에서는 그 차선책을 논하려 한다.

나는 물질이 과한 것이 오히려 행복에 방해가 된다고 생각하고 비즈니스도 자기가 좋아하고 잘할 수 있는 일을 즐기면서 하면 된다고 생각하는 편이다. 물론 그렇게 해서는 큰돈을 벌 수 없을지 모르고, 실제로 큰돈을 버는 방법을 알지도 못한다.

다만, 돈과 같은 물질이 부족하면 큰 불편함이 생긴다. 죽기 전까지는 말이다. 그러니 더 벌든지 덜 쓰든지 해서 균형을 맞추어야 한다. 그런데 물질을 만지작거리는 데 너무 많은 시간을 쏟으면 사람의 인생이 행복하거나 건강할 리 없다. 내가 이 책에서 펼치는 대부분의 논리는 이런 단순한 생각에서 출발한다.

하지만 주변 사람들에게는 늘 LTM(Life, Time, Money: 평생 동안 내가 써야 하는 금액을 계산해보고 벌이와 씀씀이에 대한 계획을 세우는 것)이라는 개념을 갖도록 조언해주고, 일을 하는 데 있어 죽는 날까지 최소한으로 필요한 돈이 떨어지지 않도록 조화롭게 준비되고 운용되어야 한다고 충고한다. 회사나 정부, 또는 사회가 이러한 문제를 적극적으로 해결해주지 못하고 있고, 기득권자가 남의 불편함을 이해하기가 쉽지 않으니 본인이 정신을 바짝 차리고 평생사업을 준비하는 임전무퇴의 기본기를 사전에 닦아놓아야 한다고 주장한다. 끊임없는 자기계발을 이뤄 지혜롭게 자신의 시장가치를 만들고 키워나가야 하는 이유다.

이를 이루기 위해서는 무엇보다도 꿈이 중요함을 전제로 그에 필요한 사고방식과 기본기술이 무엇인지를 밝힌 것이 첫 책이었다. 이어서 이 책《비즈니스 매너》에서는 그런 정신의 효과적인 발현을 위해서는 어떤 행실의 틀을 갖추어야 하는지를 설명할 것이다.

사실 나 자신은 일반적인 예절과 거리가 아주 먼 사람이다. 직설적이고 호전적이며, 본질적이며, 강하게 부닥쳐서 일을 적나라하게 파헤치는 것을 좋아한다. 여기서 내가 언급하는 예절은 상황의 본질적인 메커니즘을 의미한다. 나는 제사를 어떻게 지내야 한다는 둥에 대해서는 개념도 없는 사람이다. 내가 말해줄 수 있는 건 르코르동블루의 커티너리가 아니라 광장시장 빈대떡집의 헌수첩 메모 같은 것이다. 빈대떡집 차려서 안 망하고 꾸준히 밥은 먹고사는 정도를 지향하고 있다. 혹시라도 돈이 많고 수준 높은 사람들은 글의 목적이 그러함을 양해해주기 바란다.

　페이스북에 글을 써가며 스스로 생각하는 시간을 많이 갖게 되었고 더 명쾌하고 검소하게 살겠다는 다짐도 새롭게 하게 되었다. 늘 사람이 중요함을 다시금 깨달아 감사한 마음이 한없이 넘친다.

2019년 11월
이재권

차례

2부. 상황에 따른 매너와 기술

1부

비즈니스와 매너

1장
비즈니스란
무엇인가

왜 매너인가

/

　20여 년간 비즈니스를 해오면서, 아주 기본적인 매너를 지키지 않아 결국 자신이 원하는 것을 얻지 못하는 사람들을 많이 보았다. 심지어, 그런 상황임에도 정작 자신은 무엇이 문제인지를 잘 모르는 경우가 많았다. 매너가 중요함을 실감하지 못하는 이들도 있었지만, 자신의 행동이 비매너라는 사실을 모르는 이들도 많았다. 일부러 매너를 안 지키려는 게 아니라 어떤 행동이 매너인지, 어떤 행동이 매너가 아닌지를 모르는 것이다.

　우리는 흔히 인간관계는 가까울수록 좋은 것이라고 생각한다. 그러나 가깝다고 해서 무조건 좋은 것은 아니다. 사실 라면 하나를 끓여도 상대방이 원하는 정도에 맞춰 면을 익혀야 하지 않는가. 내가 좋아한다고 해서 무조건 푹 끓이면 안 된다. 사람들과의 관계라는 것도 그렇다. 내가 좋아하는 방식대로 상대를 대하는 게 아니라 상대가 기대하는 방식이되, 서로에게 좋도록 대해야 한다. 그 방법이 바로 적정 거리를 유지하는 것이다. 우리 사회에서는 멀어서 생기는 문제보다 가까운 척해서 생기는 문제가 더 많은 것 같다.

매너란 바로 이것이다. 적정한 거리를 유지하는 것!

내가 이 책에서 하려는 이야기는 적정한 거리란 무엇을 의미하며 그 논리는 무엇인가에 관한 것이다. 매일 새로운 사람을 만나는 비즈니스의 세계에서는 적정한 거리를 유지하는 게 그만큼 중요하다. 다른 인간관계에서는 첫인상을 만회할 만한 기회가 다시 주어지지만, 비즈니스에서는 그렇지 않다. 예를 들어보자. 자동차를 구입하러 매장에 들어갔는데 담배 냄새를 풍기는 딜러가 나왔다. 나는 그럴 때 얘기를 끊고 그냥 나오고 만다. 과연 그 딜러는 고객이 담배 냄새를 싫어한다는 단순한 이유 때문에 자신이 차를 판매할 기회를 잃어버렸다는 걸 알까? 그것은 결국 돈을 벌 수 있는 기회나 소개를 통해 또 다른 고객을 만들 수 있는 기회를 잃었다는 의미다. 물론 이 예는 나만의 기준에 따른 것이니, 다른 예를 들어보자. 자기와 종교 성향이 다른 사람과 종교 얘기를 한다거나 정치 성향이 다른 사람을 만나 정치 주제를 꺼내는 것이 적당한 거리를 유지하는 것에 도움을 줄까?

　적정한 거리란 자기 혼자만의 기준으로 설정되는 것이 아니다. 여러 사람이 함께 살아가는 사회라는 관점에서 보아야 한다. 우리 사회의 구성원들이 어떻게 하면 적정한 거리를 유지하여 서로 간에 피해를 주지 않을지, 그 적정한 거리는 어떤 방식으로 사회적으로 합의되고 학습되는지 살펴보고, 최종적으로는 그것이 왜 돈 버는 데 도움이 되는지 써보려고 한다.

비즈니스란 무엇인가

　자본주의 시장에서 비즈니스란 기본적으로 무언가 가치 있는 것을 상대방에게 제공해서 돈과 교환하는 것이다. 가치와 돈을 바꾸는 것이기 때문에 '가치=돈'이라는 등식이 성립하는 것이다. 즉 그 '무언가'의 가치가 높을수록 교환할 수 있는 돈의 규모도 커진다. 그 '무언가' 가 노동력일 수도 있고 상품일 수도 있고 정보일 수도 있다. 중요한 것은 그것이 담고 있는 가치의 양 또는 질이다. 그런데 그 '무언가'의 가치는, 그것을 제공하는 사람의 기준이 아니라 그와 교환하는 돈을 제공하는 사람의 판단 기준에 따라 정해진다.

이 등식의 양변에 있는 것을 사람으로 치환해보자. 등식의 오른쪽에는 돈(자본)의 행방을 결정할 수 있는 사람이 온다. 돈의 주인 또는 대리인, 부자 또는 부자에게 위임 받은 자다. 등식의 왼쪽에는 가치를 만들 수 있는 정보, 지식을 가졌거나 상품을 만들 기술을 가진 사람이 위치하게 된다.

자본주의 사회에서 돈을 번다는 것은, 등식의 왼쪽이든 오른쪽이든 내가 접근하기 유리한 방향을 선택해서 크기를 키우는 것이다. 세상은, 등식의 왼쪽인 가치를 증식시켜 돈을 버는 사람과 오른쪽인 돈을 운용해서 돈을 버는 사람으로 나뉘게 된다. 돈이 원래 많거나 돈 많은 집안에서 태어난 사람은 굳이 이런 사실을 적극적으로 공개하지 않는다. 따라서 우리가 일반적으로 접하는 정보들은 열심히 노력해서 왼쪽의 가치를 높이는 방법이다.

나는 보통 사람이 성공하기 위해서는 시간 자산을 잘 활용하는 민첩성Agility, 지식Intelligence, 평소의 행실Manners, 다른 사람이나 도구를 활용하거나 협업하는 능력Leverage, 코칭을 해줄 수 있는 좋은 선생님이나 멘토가 있는가의 여부Guru, 이 다섯 가지 항목이 중요하다고 여긴다. 이 중에서 매너는 다른 사람과의 연결에 도움을 주는 것은 물론, 새로운 제안을 받거나 훌륭한 멘토를 만나는 데 필수적인 요소다.

한편, '가치=돈'이라고 했을 때 가치도 돈을 생산하지만 돈 자체도 돈을 생산한다. 등식 왼쪽의 가치를 높이기 위해 하는 일도 있지만 오른쪽의 돈이 하는 일도 있는데, 그중에서 투자는 돈이 하는 일 중 가장 파워풀한 효과를 내게 된다. 이처럼, 투자를 받거나 투자를 해줄 잠재력이 있는 사람을 만나기 위해서도 매너는 중요한 역할을 한다.

왜 매너가 비즈니스에서 으뜸인가

기본적으로 비즈니스는 뭔가 아쉬운 것이 있는 두 당사자가 상호간 또는 일방적 이익을 극대화하는 과정이다. 이를 위해 통계를 분석하여 전략을 짜기도 하고 다양한 인적·물적 관리를 통해 여러 가지 경영을 추진하기도 한다. 내 경험에 의하면, 그중에서 궁극적으로 성공을 가져다줄 요소는 자본이 1등, 레버리지가 2등, 속도가 3등, 지식이 4등 정도 되는 것 같다. 하지만 사람 한 명 잘 만나면 그냥 게임이 끝나는 경우도 있는데, 그 사람이 바로 '아쉬울 게 없는 사람'이다.

아쉬운 것이 있는 사람들끼리 만나서 하는 것은 '조건'을 주고받아 효율을 극대화시키는 것, 즉 거래다. 그에 반해 아쉬울 게 없는 사람을 만나면 조건의 교환이 아니라 그 사람의 모든 성과 또는 노하우를 조건 없이 다운로드 받을 수 있다. 그러면 아쉬울 게 없는 사람은 무엇을 보고 당신에게 그런 성과와 노하우를 전수해줄까? 이때 바로 '매너'를 갖춰 상대방으로부터 인정받는다는 개념이 개입한다. 아쉬운 사람끼리 주고받은 것과 아쉬울 것이 없는 사람에게 혜택 받은 내용 중 어느 것이 더 가치 있겠는가.

아이러니컬하게도, 세상의 차가 대부분 주차장에 서 있듯이 비즈니스에서 가장 큰 효과를 만들어내는 자본은 대부분 심심해서 놀고 있다. 우리는 자본도 가져다 쓰고 구루guru의 지혜도 학습해야 성공할 수 있다. 매너의 유무가 자본을 가져다 쓰고 구루를 만나 지혜를 얻을 기회를 가름한다.

문제는, 대부분의 매너 없는 이들은 자기가 매너가 없다는 사실을 모른다는 것이다. 따라서 상대방이 왜 기분 나빠하는지도, 자신에겐 왜 행운이 오지 않는지도 알지 못한다. 안다고 해도 자기는 '실례'를 한 것 정도라서 그냥 넘어갈 수도 있다고 생각한다. 하지만 상대방은 그것을 '모욕'으로 받아들이거나 한방 맞았다고 생각해서 그 사람과의 만남을 피한다. 영어에서 Offense라는 말이 무례, 모욕, 공격이라는 세 가지 뜻으로 함께 쓰이는 것을 생각해보라.

공자는 박문약례博文約禮라 하여 지식을 쌓아 올리고 예禮로써 미니멀한 표현을 할 줄 하는 것을 수행의 완성으로 보았다. 비즈니스도 마찬가지다. 돈 잘 버는 법을 공부한 것이 예로 묶여 일상 속의 행동에 스며들어 늘 드러나야 한다.

피아노를 배운다고 가정해보자. 혼자서 열심히 건반 두드려보는 것보다 선생님을 잘 만나는 것이 좋다. 그중에서도 '진짜' 좋은 선생님에게 배우려면 진심이 있고 매너가 좋아야 한다. 비즈니스도 마찬가지다. 안타깝게도, 혼자 열심히 일하는 것보다 아쉬울 게 없는 구루의 도움을 받는 것이 효과적이다.

지식과 마음을 예禮로 만들어 행하는 사람이야말로 참으로 멋진 옷을 입고 있는 것이다. 행실을 바르게 하여 큰 선생님의 도움을 받아 깨달음을 얻으면 모든 것이 한꺼번에 해결되는 경험을 맛볼 수 있게 된다.

매너가 경쟁력이다

/

매너는 개인의 태도가 실행에 옮겨진 것으로, 좋은 매너를 가졌다는 말은 일상생활에서 자기의 생각한 바나 말한 바를 실제로 지킨다는 뜻이다. 그렇기 때문에 매너는 내가 비즈니스에서 강조하는 다섯 가지 성공요인인 속도Agility, 지식Intelligence, 매너Manners, 레버리지Leverage, 스승Guru 중 가장 의미 있고 가치 있는 것이다. 즉, 비즈니스 세계에서 경쟁력이 된다는 것이다. 그 이유를 알아보자.

우리가 좋은 행동을 하면 칭찬을 받지만, 사실 사람들은 진짜 좋다고 생각하면 칭찬이 아니라 제안이나 추천을 하게 된다. 즉 칭찬을 받는 것은 말로 하는 그 정도의 평가이며, 제안이나 추천을 받는 것이 상위 단계의 평가라는 뜻이다.

매너를 지킨다는 것은 요리사가 접시 위에 음식을 내는 것과 같이 일상적이며 실행적인 것이다. 우리는 요리사의 솜씨를 평가할 때 말로 듣거나 레시피 등의 요리법을 글로 보거나 냉장고에 좋은 재료가 대단히 많이 쌓여 있음을 기준으로 삼지 않는다. 오직 실행의 결과물인 요리만으로 평가한다. 마찬가지로 사람에 대한 평가 역시 말, 지식이나 학벌, 집에 쌓아둔 재물 등으로 하는 것이 아니다. 직접 만났을 때의 행실로 평가한다.

요리사가 음식이 맛있었냐고 물어보면, 웬만하면 맛

있게 먹었다고 칭찬한다. 하지만 그 레스토랑의 음식이 정말 맛있으면 다시 오고, 자주 오고, 친구에게 추천한다. 말로 하는 칭찬은 어디까지나 덤일 뿐이다. 음식의 맛에 정말로 자신이 있을 때, 요리사는 굳이 자랑이나 과장스러운 홍보를 할 필요 없이 오직 접시 위의 음식을 내는 일상의 행위에 집중하면 된다.

비즈니스에서도 그렇다. 당신이 아무리 자기 자신을 홍보하고 돈이 될 법한 좋은 계획을 꾸며도 행실이 좋은 것만 못하다. 음식 평론가가 좋은 음식을 한 수저로 가늠하듯이, 비즈니스에서 당신에게 도움을 줄 만한 위치에 있는 사람들은 당신의 매너와 됨됨이를 한순간에 포착한다.

이것이 당신에게 더 많은 기회가 주어지고 다른 사람들이 당신의 성공을 위해서 제안하거나 추천하게 하려면 좋은 매너를 지켜야 하는 이유다. 열심히 자기를 홍보하는 것보다 효과가 뛰어난 것은 당연하다.

매너를 갖춘 사람의 첫 번째 경쟁력이 칭찬을 넘어 남들로부터 소개받고 추천받고 초청받을 수 있다는 것이라면, 두 번째 경쟁력은 거리를 두는 능력이다.

우리는 수영을 할 때 물살을 이기는 힘을 내려 하지 않고 그 저항을 최소화할 수 있는 영법을 구사한다. 이렇듯 일을 원만하고 신속하게 처리하기 위해서도 저항을 최소화시키는 요령이 필요하다. 일이란 사람들 사이에서 사람과 함께 하는 것인데, 사람은 모두 각자의 개성과 생각이 있게 마련이다. 이 제각각의 개성과 생각을 통일하려는 것은 어리석고 비생산적인 시도이며, 실제로 가능하지도 않다. 다만 제각각의 개성과 생각으로 인해 발생하는 마찰을 최소화하는 요령이 있으니, 이것이 바로 거리감이다.

거리감이란 타인과 일정한 거리를 두고 관계를 유지할 줄 아는 능력을 말한다. 시간적·공간적 거리감이 적절하면 이해의 불일치를 해소하는 데 들어가는 에너지 소모를 줄일 수 있다. 그렇게 아낀 에너지는 효율과 집중력으로 연결되니 성공적인 일의 수행을 돕는다.

예를 들어, 비즈니스 미팅을 할 때 적당한 시간 차이(時隔)를 두고 만나거나, 미팅 시간의 적절한 길이(長短)를 고려하는 것이다. 아울러, 만났을 때 상호 거리를 어떻게 얼마만큼 유지할 것인가도 중요한 고려사항이 된다. 이는 단지 미팅이라는 실제의 시공간에만 해당하는 것이 아니라 관계를 유지하는 활동 전반에 필요한 것이다. 이런 거리감의 개념과 원리를 이해해야만 매너에 관한, 어떻게 말하고 어떻게 행동해야 맞다는 격식의 디테일을 이해할 수 있다.

언뜻 듣기에는 거리감이 필수라는 매너의 개념이 몰인정해 보일 수도 있다. 그러나 인간관계에서의 거리를 줄이기 위해 집단화되는 것보다는 각자의 생각과 개성을 인정하기 위해 거리감을 두는 것이 상위개념이라고 받아들이고 익숙해져야 한다.

친하다는 것은, 무장해제하듯이 서로의 개성을 통일해서 거리감을 줄이는 것이 아니라 개인적 특성을 그대로 놓고 상호 이해의 수준을 높이는 것이다. 이렇게 각자의 다름을 인정하는 것이 관계의 시작이다.

2장

매너를 어떻게
익힐 것인가

매너는 마음을 담는 틀이다

/

매너^{manners}의 한국어 번역어는 예절^{禮節}이다. 예의에 관한 모든 절차나 질서를 가리킨다. 매너라고 하든 예절이라고 하든, 본질은 남을 생각하고 전체를 위하는 마음이다. 쌀이 벼에서 나오듯이 예절은 마음에서 나온다. 하지만 밥상에 벼(마음)를 올려놓고 먹을 수 없듯이, 비즈니스에서도 마음보다는 절차가 우선이다. 벼에 해당하는 마음을 다듬는 것도 중요하지만, 우선은 밥(예절)을 잘 지을 수 있도록 연습하는 것이 현실적이다.

붓글씨를 배울 때 처음에는 선생님 글씨를 따라 쓸 수밖에 없다. 연습을 충분히 해서 자유자재로 글씨를 쓸 수 있게 되었을 때, 대가가 되고 나서야 붓에 마음을 담아 쓸 수가 있다. 용^龍 자 쓰는 것을 예로 들어보자. 처음에는 龍 자의 기본이 되는 입^立 자, 월^月 자 등을 따로 따로 익히다가 그것이 모인 龍이라는 글자를 익힌다. 글자를 익히고 나면 점진적으로 이어 쓰기도 하고 흘려쓰기도 하면서 마음을 담을 수 있는 것이다.

글자를 배우는 것뿐이겠는가. 악기를 다루는 것이나 운동을 배우거나 음식을 만들거나 모두 예외가 없다. 입문자들은 절차라는 획을 연습하고 또 연습해야 하는 것이다. 기본이란 처음에는 틀에서 출발하여 마음으로 가고, 마음은 다시 틀에 담겨 미니멀해지는 것이 만물의 이치다. 기본이 없이 서둘러 마음을 담고 싶어하는 사람들을 보고 우리는 '깝죽거린다'고 한다. 기본이 있는 상태에서 펼쳐지는 것과 기본이 없이 펼침을 흉내 내는 것은 확연히 다르다.

비즈니스를 하면서 상대의 마음을 얻는 것이 중요함은 두말할 필요가 없다. 그러나 마음을 얻는 것 자체가 형식의 터널을 거치지 않고서는 이룰 수 없는 일이다. 매너가 형식이고 절차라는 것은, 형식을 알면 매너를 지킬 수 있다는 말이기도 하다. 이와 관련된 에피소드가 있어 적어본다.

어느 날 저녁에 한 선술집에서 있었던 일이다. 1층과 2층에서 영업하는 그곳의 2층은 늘 북적대지만, 그날은 어쩐 일인지 우리 일행과 다른 한 테이블을 제외하고는 손님이 없었다. 우리 일행도 술을 좀 마신 상태고, 옆 테이블에서 술을 마시던 네 명의 손님도 다른 곳에서 술을 많이 마시고 온 모양이었다.

취하면 목소리가 커지게 마련인데 우리 일행은 성량을 조절해서 평상시 수준을 유지하고 있었던 반면, 옆 테이블은 통제의 봉인이 해제된 듯 시끄러웠다. 특히 무언가에 웃음을 터뜨릴 때마다 그 소리가 하도 커서 이쪽은 서로의 목소리를 거의 들을 수 없어 대화를 이어가지 못하는 상황이었다.

우리가 돌아가면서 수도 없이 눈치를 주었지만 상대방은 뭘 쳐다보냐는 듯 눈을 흘기기만 했다. 그렇게 불편한 시간이 수분간 지속되었다. 결국 우리 중 한 사람이 자리에서 일어나 그쪽 테이블로 가서 상황 설명과 함께 양해를 구했고, 그 테이블도 이후에는 목소리를 낮춰주어서 우리는 편하게 술자리를 이어갈 수 있었다.

우리 일행 중 한 명이 그 테이블에 가서 이야기를 한 후 조용해졌다는 데서 알 수 있는 건, 그들이 우리를 골탕 먹이려고 일부러 시끄럽게 굴거나 옆 테이블에서 불편하든 말든 상관없이 시끄럽게 굴 만큼 무례한 이들이 아니었다는 사실이다. 우리가 '시끄럽다'고 느끼고 있어 나오는 반응에, 상대방이 '뭘 쳐다보냐'는 듯한 반응을 보인 이유는 자신들의 웃음소리가 커서 우리의 대화가 끊기는 것을 알지 못한 것〔不認知〕이고, 오히려 우리가 자기네를 '꼬나 본다'고 오해한 것〔誤認知〕이다. '공공장소에서 너무 큰 소리를 내면 안 된다.'라는 아주 사소한 매너에 익숙하다면 아무 문제도 없을 일이, '불인지×오인지'의 증폭에 의해 커질 뻔한 것이다. 이처럼 인간사 대부분의 문제는 이렇게 사소한 것에서 발생하여 확대되곤 하는데, 그게 다 단순히 형식을 지키지 않고 '자기 마음'을 너무 앞세워서다.

한 가지 예를 더 들어보자. 서양에서 여성에게 나이를 묻는 것이 실례라는 사실을, 한국에서 살아온 우리 대부분은 들어서 아는 것이지 경험해서 아는 것은 아니다. 그런데 그런 예비지식이 없는 사람이 외국의 여성과 비즈니스를 하면서 한국식으로 "나이가 몇이냐, 결혼은 했냐, 집은 어디냐, 아파트는 몇 평이냐, 어느 학교 무슨 과 나왔냐?" 등을 물어본다고 생각해보자. 과연 일이 잘 풀리겠는가?

더군다나 그 외국 여성이 하도 어처구니가 없어서 조용히 자리에서 일어나 집으로 가버렸는데, 술 마시다 말도 없이 갔냐고, 그러면 '매너 꽝'이라고, 우릴 무시하는 거냐고 오인지誤認知까지 해버리면, 설령 양자가 아무리 선한 의지를 갖고 있거나 비즈니스에서 유리한 조건을 갖추었다 해도 나쁜 결말이 도출될 수밖에 없다.

야만에는 예절이 없다. 예절은 문명화의 정도가 높을수록 그 기준이 촘촘하고, 문명화는 돈을 기반으로 이루어진다. 쉽게 얘기해서, 돈 얘기가 민감해지는 곳일수록 문명의 일환인 예절 문제도 예민하게 작용한다는 것이다. 이 말은 나에게 도움을 줄 수 있는 확률이 높은 사람일수록 매너의 기준이 높다는 것을 의미한다.

간추리면, '내가 아쉬워 만나야 하는 사람의 매너 기준을 학습해놓아야 한다.'는 것이다. 적어도 그 기준을 몰라서 돈 벌 기회를 놓치는 우는 범하지 말아야 하기 때문이다. 더군다나 그쪽 네트워크는 생각보다 좁다. 한국에서는 한두 사람만 건너면 다 아는 관계인 경우가 많다. 내가 누군가에게 실수하는 경우, 사건이 의외로 확대되어 불이익이 커질 수도 있다는 말이다. 비즈니스에 야망이 있는 사람이라면 마음을 쉽게 드러내지 말고 그 좁은 네트워크로 한 걸음씩 올라가보는 것도 나쁘지 않은 선택이다.

진심의 무게

／

　사람들은 자신의 마음이 '진심'이라는 것이 엄청난 의미를 가진 양 착각한다.

　사람들이 살면서 가장 많은 시간을 사용하는 행동 중 하나가 말을 하는 것이다. 그런데 남이 보기에, 간혹 자기 자신이 보기에도 당황스러운 것은, 눈물을 담아 말했던 '진심'조차 나중에 알고 보면 '입심'인 경우가 많다는 사실이다.

　사람과의 관계에서나 학문을 탐구할 때나 사업의 전망을 따질 때, 심지어는 수많은 사실의 여부를 대할 때조차 우리는 쉽게 말을 하고 또 진심을 다한다고 표현한다. 하지만 내 나름의 진심이 중요하지 않은 것은 앞에서 말한 내 나름의 가치가 중요하지 않은 이유와 일맥상통한다. 즉 내 나름의 진심을 다하는 일을 하기보다는 우선 형식에 어긋나지 않는 기본을 엄수해야 한다는 것이다.

나는 일을 하는 데서 매우 중요한 것이 매너라고 늘 말하는데, 매너라는 것은 '형식적인 절차'와 '행실'을 아우르는 의미다. 절차와 행실 위에서 나오는 말만이 진심이라고 볼 수 있다. 진심을 다하면 이루어진다는, 예를 들어 유지경성有志竟成 같은 말에서도 진심은 반드시 행실이 수반된 것이어야 통한다. 마음이 시켜서 입이 한 말을 몸이 따라가는 것이 '행실'이다. 따라서 우리는 비즈니스를 할 때 행실(매너)이 기반이 된 연후에 추가적인 관계를 진전시켜야 하는 것이다.

매너는 형식인가

얼마 전 회의 시간에 누군가 이런 질문을 했다. "상대방을 진심으로 대하는 것과 매너로 대하는 것 중 어느 것이 좋은가?" 임직원 대부분이 "진심으로 대하는 것이 좋다."고 대답했다. 하지만 나는, 사생활에서는 몰라도 회사 안에서는 제발 매뉴얼대로, 매너로써 서로를 대했으면 좋겠다고 말했다. 진심이라는 말 자체가 주관적인 기준에 따른 것이므로, '누군가를 진심으로 대한다.'라는 말은 곧 자기만의 일방적인 생각일 수도 있기 때문이다.

자기 나름의 진심은 독단에 빠지기 쉽다. 독단에 빠진 사람이 최선을 다해서 진심을 보일 때 오히려 조직의 분위기는 어두워지고, 그 사람의 눈치를 보게 된다. 자기는 진심이지만 결국 임의로 일을 처리하는 경우, 다른 사람들은 오해를 하거나 피해를 입을 수밖에 없다. 그것은 다시 모든 것을 하나하나 논쟁하고 해석하는 데 불필요한 에너지를 소모하는 원인이 되기 때문이다.

내가 생각하는 진심이 아니라 남이 인정한 진심이어야 한다. 여러 사람이 일하는 공동체에서 매너와 매뉴얼을 준수하는 것은 진심으로 최선을 다하는 것보다 언제나 중요하다. 그것은 공동체의 진심을 기준으로, 고민 끝에 만들어놓은 최대 선善이기 때문이다.

문제는, 매너를 중시하라면 형식만 본다는 것이다. 형식은 마음을 담는 틀이다. 보이는 것은 형식이나, 담긴 것은 마음이어야 한다. 담아놓은 그 마음을 보는 것이 쉽지 않으니, 먼저 형식을 갖추라고 하는 것이다.

형식을 갖추는 것 자체가 마음을 보이기 위한 노력이다. 매너를 갖추지 않고 마음만 보이려 하면 내 마음을 몰라준다고 징징거리게 된다. 매너를 갖추는 성의조차 보이지 않는데 봐야 할 마음이 어디에 있다는 말인가. 반대로, 마음을 담지 않은 형식도 고수의 눈에는 빤히 보인다.

옷에 눈이 갇히면 옷만 보이지만, 고수는 이미 옷 안의 몸매를 본다. 하수는 인테리어만 보고 아파트를 사지만, 고수는 입지를 보고 투자를 한다. 인간의 욕심은 다른 사람을 속이려고 말을 꾸며내고 온갖 연기를 하지만, 고수는 그 언어 속에 숨어 있는 속마음을 본다. 하수의 꾸며낸 마음은 고수 앞에서는 투명하게 드러난다. 거짓의 언어를 멈추고 아주 작은 형식에 마음을 담아 행동해보라. 그것이 출발점이다.

매너는 사람을 묶는 끈이다

/

　성품이 모난 데 없이 둥글둥글하고 좋은 네트워크를 가진 사람이 성공할 확률이 높은 것은 보편적으로 맞는 얘기일 것이다. 하지만 가급적 많은 사람과 좋은 관계를 유지하고, 사람들을 만날 때마다 성심으로 최선을 다하면 자기 시간이 절대적으로 부족하게 된다. 시간만 부족한 것이 아니라 정신적 에너지 소모도 심하다. 본업에 집중하는 데 방해가 되는 것이다. 일을 하자면 모임이 있으니 나오라 하고, 나가자면 일이 엉키게 돼 고민이 끊이지 않았던 경험이 다들 있을 것이다.

　아주 가까운 관계를 맺은 사람의 수가 많아지는 것보다는, 거리감은 있지만 신뢰의 네트워크를 공고하게 갖춘 사람이 성공하는 경우가 많다. 자신을 포함해 주위를 한번 살펴보라. 자주 만나고 밤새 술을 같이 마신 사람들 사이의 신뢰가 의외로 약한 상황이 적지 않을 것이다. 믿기 어려우면, 어제 밤늦게까지 함께 술을 마신 사람에게 지금 사업이나 상황이 좀 어려우니 돈을 빌려달라는 문자 메시지를 한번 넣어보라. 아마 결과가 상당히 부정적일 것이다. 당신이 신뢰를 쌓고 인간관계를 돈독히 하기 위해 밤새 술을 마신 것이 아니라 그냥 술이 좋고 노는 것이 좋아서 마신 것이라는 사실을 증명하기는 그리 어렵지 않다.

지분만큼 갖는 게 매너

대기업의 일감 몰아주기가 종종 문제가 된다. 사람들은 이것은 그저 거래처 간 불공정한 거래, 즉 갑질의 문제라고 생각하지만 진짜 문제는 다른 데 있다. 대기업의 사주라 하지만 실제 자기 지분은 작게는 8%, 많게는 30%가 고작이다. 이런 사람이, 자기 자식이 100% 지분을 갖고 있는 회사로 회사 자체의 이권利權을 전가하는 것이 진짜 문제인 것이다. 당연히 70~92%의 지분 소지자는 기회이익을 상실하게 되고, 심지어 그러한 사실을 인지조차 하지 못하는 경우도 많다. 겨우 8%의 지분 소유자가 주주로부터 위임받은 경영권을 유용하여 타인의 자산을 횡령한 것이므로 범죄행위라 볼 수 있다. 그런데 매너는 지분과 어떤 관계일까?

우리는 두 사람 이상이 만나는 순간부터 시간, 공간, 자산을 n분의 1로 공유하는 것이 된다. 따라서 각자 n분의 1만큼의 지분만 있다고 간주해야 한다. 둘이서 5,000원씩 내서 만 원에 10개 나오는 군만두를 시켰다면 5개씩 나눠 먹으면 된다. 공평하게 잘 나눈 거고 이게 매너다. 시간, 공간, 자산은 눈에 잘 보이지 않지만 결국은 군만두와 같다. 지분만큼 잘 나누면 되는 것이다. 이런 게 잘 교육되지 않고 지켜지지 않으니 자꾸 문제가 생기고 사회가 피곤해진다.

셋이 만났는데 나이 많은 한 사람만 얘기를 많이 하고 다른 두 사람에게는 말할 기회조차 주지 않는다(주변에서 자주 발생하는 사고 중의 하나다). 틀린 거다! 얘기할 시간을 잘못 나누었기 때문이다. 또는 셋 중 두 사람만 아는 화제를 가지고 30분 동안 얘기하고 있다. 틀린 거다! 나머지 한 사람이 가진 대화의 지분을 무시했기 때문이다.

식당에서 옆 테이블에서 들리는 소리가 너무 커서 대화를 나눌 수가 없었다. 목소리를 조금만 낮춰달라고 했더니 자기 집 식구는 목소리가 원래 크단다. 틀린 거다! 당신들은 식당 전체 공간을 빌린 것이 아니기에 큰 소리가 다른 테이블로 넘어가면 안 된다. 조용히 얘기하는 것도 다 훈련하면 된다.

드레스코드가 분명히 있는 모임에 나는 그런 거 질색이라며 혼자 편하게 입고 간다. 틀린 거다! 그 모임은 그런 격식의 콘텐츠라는 무형 자산을 함께 즐기자는 조건이 걸려 있는 것이기 때문이다. 넥타이를 매야 한다는데 난 갑갑해서 못한단다. 그럼 그 모임에 안 나와야 하는 거다. 넥타이 매고 목 안 갑갑한 사람 없기 때문이다.

이렇게 보이지 않는 타인의 시간과 공간, 유무형의 자산을 침해하지 않는 것이 매너의 기본이고 수많은 에티켓의 원천이 되는 것이다.

내가 남의 시간을 빼앗고 있지는 않은가, 다른 사람의 공간을 침범한 것은 아닌가, 공공의 유무형 자산을 나 혼자 편하게 누리거나 타인이 누려야 하는 것에 피해를 주지는 않는가 항상 체크한다면, 굳이 에티켓이라는 하나하나의 디테일에 얽매이지 않아도 된다.

그런데 이게 왜 비즈니스에서 중요할까? 비즈니스란

결국 돈이라는 자산을 증대시키거나 분배하기 위한 활동이다. 지분에 대한 개념이 명확하지 못한 사람과는 비즈니스를 함께 하기 꺼려지는 것이 당연하지 않은가! 비즈니스 기회에서 배척당하지 않으려면 본인의 몫을 나누는 데 정확하고 남의 몫을 침범하지 않는 사람이라는 것을 늘 입증하도록 애쓰는 것이 좋다. 그게 매너를 지킨다는 것의 의미다. 나 좋자고 하는 일이다.

3장

비즈니스의
태도

구슬의 자리

/

당신이 아무리 공정하려고 해도, 아무리 남을 배려하려고 해도, 아무리 시스템을 잘 만들어도, 항아리 속 백 개의 구슬을 다른 항아리에 옮겨 부으면 맨 먼저 나오는 구슬이 있고 맨 아래에 깔려 있다가 마지막에 나오는 구슬이 있게 마련이다. 또한 어떤 구슬은 반드시 다른 구슬 밑에 깔리게 되어 있다. 영웅이 나타나 구슬이 담긴 항아리를 아무리 빠른 속도로 부어도 결과는 마찬가지일 수밖에 없다. 그것이 구슬들의 운명이다.

우리는 세상의 구슬들이다. 작게 보면 누군가가 잘나서 맨 위에 있는 것처럼 보여도, 크게 보면 그냥 운이 좋아 그렇게 옮겨 부어졌을 뿐이다.

문제는, 비즈니스의 세계에서는 노력으로 정답을 알고 있는 사람이나 운이 좋아 좋은 구슬을 깔고 앉아 있는 사람들이 늘 있다는 것이다. 그들의 특성은 말이 없고 숨어 지낸다는 것이다. 이유가 무엇일까?

만약 인생이 보물찾기라고 한다면, 그중 하나의 보물을 찾은 사람은 어떻게 행동하겠는가? 동네방네 보물을 어디서 찾았다고 소문을 내고 다니겠는가, 아니면 다음에 자기가 필요할 때 또 찾아 쓰려고 아무도 모르게 도로 숨겨놓겠는가? 누군가 보물을 갖고 있는 걸 알게 되면, 어떤 사람은 그걸 어디서 찾았는지 가르쳐달라고 떼를 쓰고, 어떤 사람은 돈을 낼 테니 알려달라고 거래를 시도할 것이다.

하지만 이미 보물을 찾은 이들이 누군가 떼를 쓴다고 들어주고, 거래를 시도한다고 쉽게 넘어가겠는가. 우리가 고민해야 하는 것은 어떻게 해야 그런 사람을 찾아내고, 또 그 사람이 알고 있는 보물찾기의 지혜를 내 것으로 만들 수 있을까이다.

회의를 하는 이유

우리 회사는 매월 말일 월간 회의를 한다.

다들 힘들여 일한 내용에 대해 발표하지만, 대부분 기존에 해오던 방식의 연장선상에서 타성적 서술이 많다. 회의에서는 행동의 실질적인 변화를 추동해낼 핵심을 다루어야 한다.

지금까지 했던 것과는 다르게 행동해야만 지금과는 다른 결과를 얻어낼 수 있다. 그런데 사람들은 자기가 열심히 행했던 과정과 그 어려움에만 방점을 찍어 얘기하곤 한다. 안타깝게도 대부분의 회의 역시 지나간 자기 행동의 합리화에 머물고 있지, 행동이 바뀌기 위한 실천계획Action Plan이나 실천해본Challenge 흔적을 찾기는 힘들다.

사람들이 이전과는 다른 행동을 하려고 결심한 후 나타나는 두 가지 패턴이 있다. 첫 번째는 먼저 마음을 바꿔서 행동을 바꾸려는 것이고, 두 번째는 그냥 행동을 바꾸는 것이다. 어차피 행동을 바꾸는 것이 최종 목적인데, 꼭 중대결심부터 한다. 자장면은 그냥 시켜 먹으면서 중요한 일을 할 때는 꼭 본인이 직접 면을 반죽해서 삶기까지 하려는 것이다. 마음을 바꾸고 그 마음이 실제 행동을 유발시켜 변화를 이끌어내는 것은 쉽지 않다. 인간은 행동이 개선되기보다는 변명이 진화되기 십상이기 때문이다.

본인의 이해력은 유한한데 이해를 하는 데 불필요한 시간을 너무 많이 들인다. 그냥 복사해서 붙이는 것이 나쁜 일은 아니다. 돈을 버는 일은 그렇게 형이상학적이지 않다. 그냥 맛집 찾아 자장면 주문해서 먹는 게 필요할 때도 있다. 중요한 것은 잘 먹는 것이다. 사 먹는 게 제일 맛있고, 다른 일도 바쁘다는 사실을 유념하자.

월말 회의에서는 다음 달에 고쳐서 실천할 내용을 뽑는 게 핵심이다. 내 생각을 길게 늘어놓는 것보다는 일등한 사람한테 예의를 갖춰 노하우 한 수 배우는 게 효과적이다. 이것이 무심無心한 매너가 유심有心을 앞서는 순간이다.

시행착오를 줄이는 법

사람은 그때까지 자신이 봐오던 것만 보게 마련이다. 아무리 시각을 새롭게 가지려고 노력해도 마찬가지다.

이미 생각이 굳어 있고 튼튼한 나사로 앵글이 조여 있기 때문이다. 이때 선택할 수 있는 가장 효율적이면서도 유일한 방법은 자신의 시각이 굳어 있다는 걸 인정하고, 다른 사람의 시각을 빌리는 것이다.

몸에 어떤 이상이 생겼을 때, 그게 어떤 병인지 알아보려고 혼자 인터넷 검색을 수십 시간 하는 것보다 빨리 병원에 가서 의사와 상담하고 전문적인 진단을 받는 게 빠르다. 자기 건강을 지킬 뿐 아니라 시간도 절약하는 길이다. 자기 변신 또한 전문가를 찾아가 도움을 받는 것이 빠르다. 음식에 대한 기초 없이 혼자 요리 개발하겠다는 사람이 하는 식당치고 성공하는 곳을 못 봤고, 사업 구상하느라고 혼자 밤새워가며 궁리한다는 사람치고 성공하는 경우 못 봤다. 노력해야 성공하는 것이 아니라 잘 노력해야 성공한다.

정도를 걷기 위해서는 잘 아는 사람에게서 가르침을 받는 것이 제일 빠르다. 그리고 가르침을 받을 때는 당연히 학비와 예절이 필요하다. 비싸 보이는 이 학비가 시행착오로 인해 낭비하는 비용보다 훨씬 싸다. 또한 번거롭게 예절을 갖추는 게 무지몽매의 장막을 혼자 걷어내기 위해 보내는 시간보다 백배 천배 경제적이다.

그렇다면 누가 당신을 가르쳐줄 수 있는 고수인가? 주변에 있는, 당신이 보기에 좀 '아니꼬운' 사람을 주목해야 한다. 당신에게 도움을 줄 능력이 있는 사람들은 굳이 당신의 비위를 맞추거나 당신과 잘 지내는 데 관심이 없을 확률이 높기 때문이다.

눈을 번쩍 뜨고, 나를 획기적으로 변화시켜줄 사람을 잘 찾는 것이 성공의 90%다. 일단 틀을 갖추고 나면 나머지 10%의 노력은 참 쉽다. 일이 빨리 시작되고 시행착오가 없기 때문이다.

누가 승진할까

/

인사 부서는 사람을 뽑는 부서가 아니라 사람 때문에 고심하는 부서이고, 재경 부서는 부기로 돈을 관리하는 부서가 아니라 재경적 관점에서 경영을 담당하는 부서다. 마찬가지로 생산 부서는 생산으로, 연구센터는 연구로 각각의 관점에서 경영을 하는 것이다.

부장은 부장의 관점에서 경영을 하는 것이지 그냥 부장 일을 하는 것이 아니다. 내가 부장이지만 경영을 하고 있어야 나중에 사장이 되는 거다. 그래서 사장이 된다는 것은 자기 자신을 사장으로 임명하는 것과 같다. 남이 나를 갖다 앉히는 게 아니라는 말이다. 사장 할 사람들은 그 직급과 무관하게 미리 보인다. 본인이 미리 경영을 하고 있기 때문이다.

그게 드러나는 자리가 회의다. 부장이라는 직책에서 할 일을 스스로 한정지어서 이 정도만 하는 것이 맞겠지 하고 생각하는 사람과 내가 부장이라서 여기까지밖에 안 보이지만 적어도 이러저러한 경영상의 문제를 해결해야 한다고 발표하는 사람의 앞날은 다를 수밖에 없다.

TV 드라마에서 연기하는 단역 배역도 자신이 잘하면 작가가 어느새 분량을 늘려준다. 마찬가지로, 직장에서의 배역도 본인 스스로 충만하면 앉는 의자가 달라진다. "어이 당신! 거기에 앉아서는 거기까지밖에 잘 안 보이니 더 높이 올라갈 수 있는 사다리를 줄게."라는 소리를 듣는 게 승진이다. 회사의 이익이니까 그리해주는 것이며, 서로에게 좋은 거다.

회의란 그런 자리다. 자기 배역을 충실히 연기하는 공연장이자 모든 사람 앞에서 몇 분 또는 몇 십 분간 자기의 업적을 드러낼 수 있는 기회의 장이다. 같은 직장에 다니는 사람들도 고객이다. 내부 고객이다. 감동시켜야 한다. 그래야 그들의 마음이 바뀌고 나를 더욱 중요한 직책에 쓰게 된다.

이런 선순환을 통해서 경영자가 되기도 하고 사업가가 되는 트랙으로 올라타는 거다. 두 경우 다 연봉이 높아진다. 같은 시간 일하고 더 벌게 된다. 물론 관성적으로 일하는 사람보다 머리카락은 많이 빠진다. 하지만 재밌다.

모든 가치에는 대가를 지불해야 한다

우리는 아무 고민이 없거나 현 상태에 만족하는 순간에는 질문을 하지 않는다. 주식을 해서 손해를 봤거나, 건강을 잃어 몸에 통증이 있거나, 뭔가 자신이 원하던 것과 계산이 안 맞고 불행하다고 느낄 때, 아울러 그것을 개선하고자 할 때 질문을 한다. 요즘은 인터넷 검색을 우선하지만 검색도 본질은 질문이다. 질문Question이라는 말은 추구하다Quest에서 파생했다. 뭔가 추구하는 마음이 있어야 비로소 질문이 생기기 때문이다.

원하는 것을 얻으려면 질문을 잘해야 한다. 질문을 잘하는 것에서 첫 번째로 충족시켜야 하는 조건은 제대로 아는 사람에게 묻는 것이다. 그런데 우리가 사는 세상에는 무면허 선생이 너무 많다. 주식이 대표적인 예다. 너도나도 주식 고수란다. 해봐서 알겠지만, 어중간하게 아는 사람 말을 믿다가는 큰코다치기 십상이다.

잘 모르는 사람일수록 이게 정답이라고 단정적으로 대답한다. 그러나 대부분 자기 나름의 생각일 뿐, 정확도도 낮고 질문에 대한 답으로서 적절성을 갖추지 못한 경우가 많다. 물론 그런 사람은 대가를 원하지 않는다. 그 사람이 착해서가 아니라 내용에 가치가 없기 때문이다. 가치가 없는데도 돈을 지불하는 사람은 그냥 바보다. 그렇다면 돈을 주고 가치가 있는 대답을 들어야 한다. 그런데 이것이 문제다.

우리가 가치 있다는 말을 할 때, 그 가치는 얼마나 될까? 예를 들어 "어디에 있는 아파트를 사면 좋겠냐?"는 질문에서 '좋다'라는 의미는 200만 원에서 300만 원 오르는 것을 의미할까, 아니면 2억 원에서 3억 원이 오르는 것을 의미할까? 금방 2억~3억 원이 오르는 아파트에 대한 정보를 알려달라는 사람은 누구이고, 그것을 알려주는 사람은 누구일까? 또 어떤 상황에 있는 것일까?

생각해보자. 당신이라면 어떤 조건에서 자기의 진짜 노하우를 알려주겠는가? 잘나가는 호떡집 반죽 비법도 돈 1,000만 원을 준다 해도 알려주지 않는 법이다. 그러면 우리는 도대체 어떤 전략을 가지고 호떡집 반죽 레시피를 알아내서 경제적인 효용을 얻을 것인가?

한 가지 방법은 가치에 명확한 대가를 지불하는 것인데, 지나고 보면 그것이 제일 경제적이고 효과적이라는 사실을 알게 된다. 사람들은 이 호떡 맛이 괜찮으니 비법 좀 알려달라고 무례하게 묻거나 얼렁뚱땅 공짜로 비법을 알아낼 방법을 궁리한다. 당신이 그 호떡집 주인이라 해도 이런 행동을 하는 이들은 외면할 것이다. 반대로, 나에게 그것이 얼마나 간절하게 필요한지 얘기하고 성의와 예절을 갖추어 정중히 알려줄 것을 부탁하는 것이 낫다. 당연히 내가 이 동네에서 같은 장사는 안 할 것이라거나, 프랜차이즈나 저작권료 지불 등의 계약관계를 명확히 해 가치에 대한 대가를 지불해야 한다.

정 상황이 안 좋으면 편지를 쓰거나, 작은 선물을 하거나, 밥을 사면서 질문을 진지하게 하는 거다. 이렇게 하는 것이 내가 추구하는 것을 얻어낼 수 있는 질문의 방법이다.

서로 달라서 가치 있다

최근 술을 끊고 나서는 술 마시는 약속을 잘 잡지 않지만, 일행이 마시는 술의 냄새도 향기롭고 물만 마셔도 마치 취한 듯 즐거운 술자리도 있다. 그 비결은 뭐니 뭐니 해도 재미있는 대화다.

우리에게 코끼리는 코가 긴 동물이다. "코끼리 아저씨는 코가 손이래. 과자를 주면은 코로 받지요." 어떤 사람은 떨면서 코끝에다 음식을 주고 저 노래 가사를 증명하지만, 코끼리에게 사람이 밟혀 깔려 죽는 것을 본 사람에게 코끼리는 무섭고 위험한 존재일 것이다. 귀를 팔랑일 때 본 사람에게는 귀가 큰 동물일 것이고, 뒤에서만 본 사람에게는 엉덩이가 큰 동물일 것이다.

우리는 비즈니스를 하면서 세상과 사람을 여러 가지 관점에서 보기도 하고, 과거와 미래를 다른 관점에서 회념하거나 전망하기도 한다. 성공과 실패의 원인을 분석하며 서로 다른 입장을 드러내기도 하고, 문제를 푸는 묘책의 정당성에 다른 관점을 표명하기도 한다.

처음 만나는 자리에서 상대방을 보는 내 관점과 나를 보는 상대방의 관점을 대화를 통해 녹여낼 때 다른 스타일인데 공통된 관점, 다른 관점인데 공통된 신념, 관점이 다른 데서 나오는 미묘한 매력 등 여러 가지 반응이 쏟아져 나올 수 있다. 여기서 서로 다름을 담담히 인정하면서도 끝내 미래에 도모할 수 있는 가치를 찾아내는 인사이트Insight의 시간이 지나면, 우리에게는 또 다른 차원의 라운드가 허락된다. 결국 우리는 사람들이나 사회가 필요로 하는 가치를 창조하는 일을 하는 것이고 그 일 속에서 또다시 성장하는 자신을 발견할 수 있다.

또한 생각과 관점이 다른 것을 생각으로 이해하기

보다는 예절의 형식으로 받아들임으로써 관점, 대화, 공통점, 가치 등을 기반으로 한 차원 발전된 인연을 이어 나갈 수 있을 것이라고 믿는다.

2부

상황에 따른 매너와 기술

4장

어디에
설 것인가

연장자 우선인가 레이디 퍼스트인가

식당 같은 곳에서 한국을 비롯한 동양에서는 연장자가 상석에 앉는 데 반해 미국 등의 서양(사실 모든 나라를 가본 것이 아니라 이렇게 표현했다.)에서는 여성이 상석/안쪽 자리에 앉는다. 물론 우리나라에서도 여성을 안쪽 자리에 앉히는 경우도 흔히 볼 수 있지만 말이다. 나는 여성을 보호하려면 내가 문 쪽을 보고 앉는 것이 어떠한 공격이나 위험을 사전에 감지할 수 있어 합리적이라고 생각하지만, 아내와 미국에 가는 경우 비행기에서는 내가 통로 쪽에 앉고 식당에서는 아내를 안쪽 자리에 앉도록 한다. 미국 사람 대부분이 하는 대로 그쪽 관행을 따르는 것이 무난한 매너라고 생각하기 때문이다.

이 얘기는 비즈니스에서도 통용된다. 매너의 기준은 내 마음이 아니라 사회적으로 설정되는 것이라고 강조했는데, 구체적인 상황에서 구체적인 행동으로 드러나는 매너에서는 더욱 그렇다. 그 사회에서 일반적으로 통용되는 기준을 알고 따르는 것이 먼저라는 얘기다. 로마에 가면 로마법을 따르라는 말이 괜히 있는 것이 아니다. 비즈니스의 세계에서는 비즈니스의 매너를 따라야 한다. 이 세계의 매너가 가정이나 군대, 학교에서의 매너와 동일한 것도 있고, 이 세계만의 고유한 매너도 있다.

비즈니스는 다른 사람의 도움을 얻어야 하는 일의 연속이다. 그중에서도 돈 많은 사람의 도움을 받는 게 가장 효과가 빠르다. 어차피 내가 그 사람들에게 금전적 도움을 받는 입장이라면, 매너를 잘 지켜 어긋남이 없게 하는 것으로 90점은 얻고 들어간다. 그런데 내가 도움 받아야 할 부자들은 보수적일 확률이 높다. 그들은 절차에 밝은 사람들을 좋아한다. 기왕이면 호감을 줘서 투자 등 원하는 것을 얻자.

바로 앉기

/

사소한 문제 같지만 은근히 사람을 불쾌하게 하는 것

이 '자리'다. 술자리를 하다 보면 나이 어린 사람이 상석에 앉는 경우가 종종 있다. 나중에 왜 그랬냐고 조용히 물어보면 잘 몰라서 그런 경우가 많았다. 식사나 대화를 하는 자리는 안쪽, 가운데가 상석이니 윗사람이 앉아야 하고, 그 앞에는 그분과 주로 대화를 할 사람이 앉는 게 정석이다.

내친 김에 여러 상황의 상석을 알아보자. 자동차는 조수석 뒤쪽이 상석이다. 차의 뒷문을 열고 "먼저 타세요"라고 권하면서 안쪽으로 밀어넣으면 안 된다는 말이다. 비행기는 보통 앞쪽이 좋은 자리라고 하지만, 여기서는 비즈니스 파트너 혹은 직장 상사와 함께 비행기를 타서 나란히 앉는 경우를 얘기하자. 나란히 앉을 때는 기본적으로 안쪽(창측)이 상석인데, 화장실 가기 불편해서 통로 쪽에 앉겠다는 분들도 있으니 의중을 먼저 물어보자. 강좌를 듣거나 공연을 관람할 때는 앞쪽이 상석이다. 골프 카트 5인승도 앞쪽이 상석이다.

식사나 술자리에서 대화를 나눌 때 큰 기회를 잡기 쉽다는 점을 꼭 염두에 두어야 한다. 다양한 이야깃거리와 정보를 갖춘 후 화룡점정이 바른 자리에 앉는 것이다. 좀 멀더라도 눈에 띄는 자리에 있다가 화제에 끼어들 기회를 놓치지 않으면 준비를 잘한 것이다.

높임말과 반말의 힘겨루기

대화를 하다가 묘하게 말을 살짝살짝 놓는 어린 친구들이 있다. 그들은 친하니까, 혹은 다른 여러 이유로 나한테는 그럴 수도 있다고, 혹은 그래도 된다고 생각하겠지만, 나는 그 말투 때문에 다른 사람, 내가 아는 더 나은 사람에게 그들을 소개하지 못하게 된다. 물론 그런 기회를 잃게 되는 사람이 손해다.

힘 있고 중요한 사람 앞에서만 잘하면 될 것이라고 생각하는 사람이 있다. 그렇지만 힘 있고 중요한 사람은 소개에 소개가 거듭되면서 만나게 되는 것이다. 지금 내 앞에 있는 사람들에게 잘함으로써 말이다. 친하니까, 별 볼 일 없는 사람이니까, 다시 만날 일 없는 사람이니까 등의 이유로 누군가에게 예의 없이 구는 순간, 자신은 알지도 못하는 사이에 좋은 인맥을 쌓을 기회를 잃는다.

주변의 좋은 사람과도 서서히 멀어지는 것은 물론이다. 사람들은 대체로 지금 이 자리만 생각하지만 평판은 복합적으로, 쌓이고 쌓여서 만들어지는 것이다.

사실 대한민국 사람이라면 누구나 높임말과 반발 사이에서 고민하는 경우가 있다. '말을 놓을까 말까? 잰 왜 나에게 말을 놓지? 나도 반쯤 말을 놓아서 방어할까? 아냐, 나도 안 좋은 경험이 많았으니 가급적 높임말을 쓸 거야.' 등등의 상황을 경험하면서 사회생활을 한다.

높임말과 반발 사이의 변수를 따져보자.

1) 상대가 말을 놓으라고 해서 놓는 사람

2) 상대 의사와 관계없이 스스로 판단해서 일방적으로 말을 놓는 사람

3) 자기가 말을 놓아도 상대가 괜찮아할 거라고 생각하는 사람

4) 자기가 말을 놓으면 상대가 불쾌하게 생각하는 걸 아는 사람

5) 자기가 말을 놓았을 때 상대가 불쾌해하는지도 모르는 사람

7) 가급적 높임말을 고수하는 사람

내가 말을 높이고 있는데, 상대방이 아무 얘기도 하지 않으면 계속 높이면 된다. 내가 말을 높이고 있는데 상대방이 놓으라고 하면 놓아도 된다. 문제는 상대방이 놓으라는 말을 하지도 않았는데 말을 놓는 것이다.

내가 말을 놓아도 상대방이 개의치 않을 것이라고 생각하거나 상대방이 불쾌해하거나 말거나 상관하지 않거나 둘 중 하나일 텐데, 어느 쪽이든 상대방이 불쾌해할 것은 당연하다. 또 하나의 변수는 내가 말을 놓아도 되겠는가 묻고, 상대방이 괜찮다고 해서 말을 놓는 것이다. 허락을 받았으니 괜찮을 거라 생각하겠지만, 면전에서 하는 상투적인 말은 아무 의미가 없다. 예를 들면 그것은 친구가 하는 음식점에 와서 "너무 맛있다. 다음에 또 올게."라고 인사치레하는 것과 다를 게 없다. "너희 가게 맛없어서 다음부터 안 올 거야!"라고 말하는 사람이 없듯이 말이다.

윗사람이 아랫사람에게 말을 놓을 때도 영 찝찝할 때가 있다. 내가 나이 어린 사람에게 "말을 편하게 하자."며 말을 놓거나 그들이 "말씀 편하게 하십시오."라고 해서 말을 놓고도, 집에 돌아와서 '혹시 내가 그들을 서둘러 잘못 대한 것이 없는가?' 하는 걱정이 들 때가 있다. '과연 저 사람이 속으로도 내가 말 놓은 것을 편하게 생각하는 것일까?'라는 의문을 갖게 되기 때문이다. 나 역시 마음으로 받아들이기 힘든 허접한 이가 나이가 많다는 이유로 나에게 말을 놓으면 상당히 불쾌해질 때가 종종 있었다.

사람이 말을 쓰는 것은 형식일 뿐이고 본질은 그 마음의 쓰임이 서로 읽히는 것이다. 아랫사람의 마음이 윗사람을 존경하거나 호감을 갖지 못한 상태인데 윗사람이 말을 놓아버리면, 그 이후의 시간은 모두 무의미하게 되며, 관계 역시 사상누각일 뿐이다. 안전빵으로 늘 높임말을 쓰는 것은 거리감을 주고, 성급하게 말을 놓는 것은 리스크가 있다. 말의 높임과 낮춤을 잘 쓴다는 것은 가마솥 불 조절하는 것처럼 힘든 일이다.

앞서도 말했다시피, 비즈니스라는 게 사람들의 추천과 소개를 통해 새로운 기회를 잡는 일이다. 그렇다면 이 복잡한 높임말과 반말 사이의 변수 중 돈 벌기에 유리한 것은 어떤 경우일까? 최소한 상대방의 양해도 없이 먼저 말을 놓는 경우는 없어야 한다.

100살까지 돈 벌고 살려면 갈 길이 멀다. 머리야 남의 것을 써도 되지만 평판은 자기 거다. 입으로 까먹은 본전을 몸뚱이로 벌려면 힘이 좀 많이 들겠는가. 돈 되는 말투, 최소한 까먹지는 않는 말투로 고쳐야 한다.

매너는 나이를 가리지 않는다

오랜만에 골프장에 갔더니, 캐디가 "미투Me Too 운동이 있고 나서 예전처럼 심한 음담패설을 하거나 몸에 손을 대는 사람들이 줄어서 좋다."고 했다. 그런 사람들은 대부분 60~70대, 나이가 지긋한 사람들이란다. 나도 그런 사람들을 몇 번 봐서 쉽게 공감할 수 있었다.

골프장에서 내는 캐디 피fee는 10만에서 12만 원 사이다. 넷이서 모아 내는 것이니, 고작 2만 5000원이나 3만 원 내고 자신을 도와주는 여성에게 기어이 성적인 농담을 해야 직성이 풀리는 이유가 뭘까? 어디 골프장뿐인가. 식당 종업원들에게, 심지어 일행 중의 여성에게까지 추잡하기 그지없는 행동을 하는 시니어가 많다. 그들에게 해줄 말이 있다. 이 고령화 시대에 웬만한 시니어는 시니어도 아니라는 것이다.

시니어 또한 계속 활동하고 비즈니스하려면 좋은 평판을 유지해야 한다. 자신에게 좋은 기회를 가져다줄지도 모르는 젊은 사람들이 지켜보는 앞에서 주책없는 언행을 일삼아서야 되겠는가. 알량한 나이 뒤에 숨어서, 증거가 없으니 힘없는 너희들이 감히 나를 어쩌겠느냐는 망신스러운 생각은 이제 통하지 않는다. 제발이지, 나이가 든 만큼 어린 사람들로부터 존경받지 못하는 것을 부끄럽게 생각하자.

숫자에 갇혀 고수를 놓친다

나이 어린 사람들에게서 높임말을 듣는 것은 내가 상대방보다 인격적으로나 사회적으로 뭔가 존경할 가치나 명망이 있기 때문이 아니다. 단지 물리적인 나이가 많기 때문임을 분명히 알아야 한다. 세상에는 나이가 많아도 부족한 사람이 있고, 나이가 어려도 여러 가지 면에서 나보다 출중한 사람도 많다.

인간관계를 나이로 분류할 때 연상, 동년, 연하의 세 종류가 있어, 누구에게는 형, 누나, 선배로 불리고, 누구와는 친구, 동생으로 갈린다. 하지만 중요한 것은 나이가 위든 아래든, 누가 누구에게 높임말을 쓰든 말든, 그러한 숫자나 언어에 생각이 갇히면 안 된다는 것이다. 그것은 관계를 시작할 때의 형식에 불과하다. 마치 바둑을 처음 둘 때 나이 많은 사람에게 백을 양보하듯이, 그냥 세상 규칙으로 그렇게 시작하는 것이다. 시간이 갈수록 치수 조정이 들어가게 된다.

말이야 나이 어린 사람이 나이 많은 사람에게 존칭을 써도, 본질에서는 고수와 하수로 갈린다. 그렇기 때문에 나이가 많은 하수는 분위기 파악을 잘해야 한다. '나이도 어린 놈이…'라든가 '한참 후배가…'라고 생각하기에 앞서, 과연 바둑으로 친다면 지금 내가 백을 잡을 때인지 흑을 잡고 깔고 둬야 할 때인지 상황 파악을 하고 있어야 한다는 말이다.

내가 잘 몰랐던 일에 대해 요즘 많이 배우고 있다. 특히 그 일은 나이 어린 친구들이 밝은 분야라 바짝 엎드

려서 묻고 또 물어 가르침을 받고 있다. 사실 나이라는 것이, 분침으로 보면 차이가 있어 보이지만 시침으로 보면 별 차이도 없는 것이다. 따라서 옛 성현이 아랫사람에게 묻는 것을 부끄러워하지 말라고 한 말씀은 옳고 또 옳다. 불치하문不恥下問이라고 쓰고, 술 사주는 것이라고 읽는다.

나이나 존칭은 시작의 형식이고 본질에 다다르면 벗어버려야 할 껍데기다. 본질을 몰라서 나이 어린 고수들을 스스로 차버리지 말자.

분위기 파악

/

문제는, 술을 사주는 일에서도 역시 '분위기 파악'을 못 하면 주책이나 부리는 사람이 되고 만다는 사실이다. 불행히도 분위기 파악 능력은 나이나 지위도 안 가린다. 말인즉슨, 젊은이들 중에도 분위기 파악 못 하는 이들이 많다는 거다.

물론 이 글을 읽는 사람 중에 자기 자신이 분위기 파

악 못 하는 사람일 것이라 믿는 사람은 없을 것이다. 하지만 우리 모두가 이 말의 뜻을 안다는 것은, 안타깝지만 누군가는 여기에 해당이 된다는 의미다.

그런 상황을 왜 본인은 모르는 것일까? 그것은, 아마도 굳이 남의 단점을 지적해서 감정이 상하는 것을 피하고자 하는 사람들의 성향이 작용해 당사자에게 그러하다고 지적하기를 꺼렸기 때문일 것이다.

자신이 그렇게 분위기 파악을 못 하는 사람인지 알 수 있는 두 가지 방법이 있다. 하나는 직접적으로 묻는 것이다. "네가 볼 때 내가 분위기 파악 못 할 때가 많냐? 누가 그런 말을 하길래, 네가 그래도 나랑 제일 가까우니까 조언을 구하는 거야. 솔직히 말 좀 해줘라!" 상대방은 세 번 정도 빼다가 진실을 얘기해줄 것이다. "사실 너 약속 때마다 늦게 나오는 거 사람들이 건방지다고 생각하니까 좀 조심하는 게 좋겠어" "너 술 마실 때 말 진짜 혼자 너무 많이 해. 사람들이 너랑 술 마실 때 매번 머리 긁고 있는 거 안 보이냐?"

두 번째 방법은 눈치껏 테스트를 해보는 것이다. "야, 오늘 분위기 좋은데 한번 달려보자!"라고 말하는 대신

"나는 오늘 좀 피곤해서 먼저 일어날 테니까 젊은 사람들끼리 한 잔 더해. 이거까지는 내가 계산하고 갈 테니까."라고 말해보라. 그때 "먼저 가시면 반칙입니다."가 아니라 "감사합니다. 팀장님~"이라는 반응이 나오면, 씁쓸하긴 하겠지만 그리 나쁜 상황은 아니다. 분위기 파악 못 하는 팀장을 면하게 되었으니 말이다.

주기적인 검진을 통해 건강을 유지하듯, 주기적인 질문을 통해 인간관계를 유지하고, 눈치껏 테스트를 하며 쿨한 뒷모습을 만들어보자.

쿨하기 전에

술자리에서 공공연하게 "그것도 못 마시냐"며 술을 강요하는 이들이 아직도 있다. 간이 좋아 술에 강한 건 생리적인 특징이지 자랑할 일은 아니다. 자기가 한 잔을 마신다고 다른 사람도 같이 한 잔을 마셔야 하는 것은 아니다. 그런 논리라면 자기가 밥 한 숟가락 들면 같이 들고, 한 공기 추가해서 먹으면 다른 사람도 추가해서 먹어야 할 것 아닌가.

나도 젊을 땐 그리 배웠고 그래야 하는 줄 알고 살았지만, 이거 좀 바꾸고 싶다. 술은 주량껏 마시고 오히려 대화에 집중하는 방향으로 가보자. 우리나라의 음주문화는 너무 집단적이고 양에 치우치는 경향이 있다. 그게 정이 있는 것처럼 보이고 낭만이 있는 것으로 느껴질 수도 있다. 하지만 그런 탓에 건강을 지키기도 힘들고 시간도 너무 많이 빼앗긴다면 다시 한 번 생각할 필요가 있다. 장기적으로 볼 때 풍요로운 삶을 사는 데 지장이 있기 때문이다. 개인적인 손해만이 아니다. 회사가 집단성이 강한 음주문화에서 벗어나지 못하면 요즘같이 창의성이 중요한 시기에 뛰어난 인재를 수용하지 못할 수도 있다.

키 190cm인 사람과 150cm인 사람의 밥량이 다르듯이, 주량도 각각인 것을 받아들이자. 음주의 의미는 대화의 질과 관계의 향상에 있지 주량에 있지 않다.

5장

비즈니스의 기본,
말하기의 매너

말을 조심해야 기회가 온다

우리는 하루에도 수없이 많은 말실수를 할 뿐 아니라 의식적, 무의식적으로 거짓말도 한다. 머릿속에서 맴도는 오만 가지 생각이야 나 혼자의 것이니 별일 없다. 하지만 이게 입 밖으로 튀어나오면 늘 문제가 된다.

무언가 말을 하고 싶어서 입이 근질근질할 때는 스스로에게 질문을 던져보자. 내가 안다고 생각하는 것이 진짜 아는 걸까? 내가 옳다고 믿었던 것이 나중에 바뀐 적은 없었나? 내가 들은 얘기는 과연 사실일까? 이런 질문에 확실하게 '그렇다'라고 대답할 수 없다면, 우리는 지혜로운 사고를 할 필요가 있다. 내 생각이나 내가 들은 말을 전할 때, 그것이 틀렸거나 사실과 다를 수도 있음을 고려해야 한다는 것이다.

말을 전하기는 해야 하는데, 그 내용에 확신이 없을 때는 어떻게 하는 것이 지혜로운 행동일까? 이럴 때는 약간은 물을 타서 싱겁게 얘기하는 것이 안전하고 현명한 행동이다. '너 한번 당해봐라.' 하면서 들은 얘기에 소금 치고 간장 붓고 하지 말고, 물을 좀 붓고 시간도 좀 끌어서 희석시키는 것이다. 이런 싱거움이 당신의 품격을 높여줄 것이다.

어쩌다 한 번 늦는 것을 봤다고 해서 "그 사람 만날 늦어! 아주 지가 제일 잘난 줄 알아."라고 말한 적은 없었는가? 술 마시고 누군가에게 실수한 적이 있다고 전해 듣고는 "걔는 술 마시면 완전히 개망나니네!"라고 과장한 적은 없는가?

정확한 내용을 모른다면 "늦는 것을 한 번 봤던 기억이 있는 것 같다."라고 말하거나 "그때 회사에 안 좋은 일이 있어서 술이 좀 과했다는데 평상시엔 괜찮은 사람이라고 들었어."라고 말하는 거다. 당신이 듣기에도 이쪽이 좋지 않은가?

음식의 간이 과하면 당장 입에 넣기는 좋지만 장기적으로는 건강을 해친다. 주변 사람들과의 신뢰관계도 마찬가지다. 남의 얘기를 할 때 소금을 치면 당장은 재밌고 통쾌할지 몰라도 신용을 잃는다. 말을 싱겁게 하는 습관을 길러 믿을 수 있는 사람이 되자.

험담과 충고의 플러스와 마이너스

우리는 대체로 말을 통해 인간관계를 쌓아간다. 따라서 말로써 이득을 얻기도 하고 말을 잘못 사용해 막대한 손해를 보기도 한다. 그중 대표적인 것이 험담과 충고다.

험담에는 두 종류가 있다. 내가 직접 경험해서 확실히 아는 누군가의 흠을 얘기하는 것과 누군가에게 전해 들어 정확한 내용을 잘 모르면서 하는 험담이다. 이 중 후자는 대상을 헐뜯음으로써 자신의 이익을 도모하려는 저의를 깔고 있을 확률이 높다. 이를 참언讒言이라고 하는데, 그 대상보다는 자기 자신을 폭삭 망하게 할 수 있는, 특히 주의가 필요한 요망한 버릇이다.

남의 험담을 많이 하는 사람의 주변에 유익한 사람들이 남아 있는 경우는 결코 없다. 유능한 사람들은 사방에서 돈 벌 기회를 찾아 바삐 일하기 때문에, 굳이 남의 험담을 듣고 귀 닦는 시간 낭비를 하지 않는다.

다시 말해, 험담이란 나에게 기회를 물어다줄 인복人福을 떨어져 나가게 하는 짓이다. 시간 낭비일 뿐 아니라 비즈니스로 볼 때도 완전히 마이너스다. 눈으로는 기회를 찾고 말로는 사람을 끌어들여 내 편으로 만들기에 늘 바빠야 한다. 비즈니스는 예쁜 말로 기氣 좋은 사람을 가능한 한 내 편에 많이 끌어들이는 게임이다!

충고는 험담과 정반대 의미로 시간 낭비다. 가끔 "너니까 해주는 말인데…" "너는 말이야…" 하며 충고라는 명목의 잔소리를 늘어놓는 사람들을 만난다. 하지만 생각해보라. 살면서 남에게 충고 받고 잘못을 고치는 사람이 몇이나 있으며, 그 충고가 맞는 경우는 또 얼마나 될까?

그 사람이 못마땅하면 충고하지 말고 그냥 연락하지 않는 것이 좋다. 연락이 왔을 때는 어쩔 수 없으면 만나주고, 만나서 딱히 할 말 없다고 충고하지는 마라. 누군가가 못마땅한 건 그런 사람밖에 못 만나는 당신 잘못이지, 그 사람 잘못이 아니다.

남한테 충고할 시간 있으면 남에게 충고 받을 일 없도록 자기계발하는 게 낫고, 고독도 일상임을 받아들이는 것이 좋다. 골프에서도 보기bogey 플레이어들이 엉뚱한 사람 붙잡아놓고 레슨을 제일 많이 하고, 주식도 돈 까먹은 사람이 더 할 말이 많은 법이다. 이렇듯 남에게 충고 많이 하는 사람치고 정말로 잘난 사람 보지 못했다. 그러니 생사람 잡으면서 술맛 버리지 말고 그냥 "너나 잘 하세요."가 답이다.

솔직히 말해서

말 한마디로 천 냥 빚도 갚는다지만 잘못 쓴 말 반 마디로 오백 냥 빚이 얹어질 수도 있다.

빚을 얹는 대표적인 말이 '솔직히 말해서'다. 이것이 문제적 말인 까닭은 두 가지 이유에서다. 첫째, 그저 습관적인 표현일 경우, 자신의 인상을 가볍게 만든다. 꽤 많은 사람들이 대단한 내용을 말하는 것도 아니면서 습관적으로 '솔직히 말해서'를 앞에 붙인다. 이런 말버릇은 신중하지 못한 사람이라는 인상을 준다. 둘째, 이 말을 하는 순간, 지금까지 그 사람이 한 말이 모두 솔직하지 않았다는 느낌을 준다. 자기 딴에는 뭔가 대단한 내용이나 엄청난 비밀을 털어놓는 느낌을 주려고 저 말을 붙였겠지만, 결과는 신뢰를 잃는 것이다.

이와 비슷하게 열등한 말 중에 '까놓고 얘기해서' 가 있다. 대체 뭘 까겠다는 거냐는 반문이 목구멍에 걸린다. '그 사람 없는 데서 이런 얘기하긴 좀 뭐하지만'도 부정적인 인상을 주기는 마찬가지다. 다른 사람 앞에서 내 험담도 저렇게 할 것이라는 느낌을 주기 때문이다. 사용 빈도 대비, 성능이 유독 좋지 않은 말버릇이라고 말해주고 싶다.

자기 말에 주관적인 입장이 실렸음을 강조하거나 외교적인 언사로 포장하지 말고 서로의 이해득실을 제대로 따져보자는 의미로 말을 할 때 더 좋은 표현이 있다. '단도직입적으로 말해서'라든가 '본론만 간단히 얘기하자면' '내가 보는 관점에서 말해보라면' 같은 말이다.

훌륭한 요리의 기본은 레시피가 아니라 좋은 재료를 쓰는 마음이다. 말하는 데 있어 언변보다 중요한 요소는 바른 단어를 가려서 사용하는 것이다.

아무 말도 하지 말아야 할 때

／

관점이 다르다는 말은 흔히 정치·사회적 문제에 관한 입장 차이를 설명할 때 사용한다. 좌파와 우파, 보수와 진보처럼. 그렇지만 일상생활에서도 관점의 차이를 매번 경험하게 된다. 관점이란 서서 쳐다보는 지점을 의미하므로, 관점이 다르다는 것은 서 있는 자리, 즉 처지가 다르다는 말이다. 예를 들어 서울에 있는 나는 막 자려고 하는데, 미국 로스앤젤레스에 사는 친구는 방금 일어나서 깨어 있는 것이다.

한잔 얼큰하게 마시고 친구에게 전화해서 요즘 자식 문제로 속이 상한다고 넋두리해도 시큰둥한 반응이 오는 이유는 처지가 다르기 때문이다. 로스앤젤레스 사는 친구는 한창 출근 준비에 바쁜 것이지, 내 문제에 공감을 못하거나 나와의 관계가 멀어졌기 때문이 아닌 것이다. 이때 내가 해야 하는 건 로스앤젤레스가 아침 시간임을 생각하고 출근 준비에 바쁠 때 전화한 걸 미안해하는 것이지, 시큰둥한 반응을 보인 친구 탓을 하는 게 아니다.

관점이나 처지가 다른 사람과 잘 지내는 법은, 가급적, 그냥, 아무 말도 하지 않는 것이다. 관점이 다른 사람 사이에서는 말이 거의 통하지 않기 때문이다. 예를 들면 이런 것이다. 누군가에게 비싼 위스키를 선물로 받았을 때 '왜 주는 거지?'라고 의심하는 사람이 있고 '웬 떡이냐!' 하고 환호하는 사람도 있다.

비싼 술을 받고 '웬 떡이냐!' 하는 사람에게 "그런 거 받으면 안 돼."라고 원칙의 관점에서 충고를 해줘봤자, 그 사람은 '이 친구는 자기가 못 받아서 배 아프니까 별 소릴 다 하는구나!'라고 욕심의 관점으로 해석한다.

6장

잘 입고 잘 벗는 게
매너다

옷으로 표현하는 것

/

비즈니스 미팅이나 회의를 할 때 말로 열심히 설명하는 사람은 하수다. 그 이유는, 말의 전달력이 이미지의 전달력보다 비중이 훨씬 적고 효과도 떨어지기 때문이다. 백 마디 말로 설명하는 것보다 그래프 하나 보여주는 게 더 믿음을 준다는 뜻이다. 그런데 그중에서도 가장 좋은 이미지를 갖추어야 하는 것은 무엇일까? 바로 말하는 사람 자신이다.

나는 돈을 많이 벌고 싶다는 친구들에게 옷을 잘 입어 좋은 인상을 먼저 갖추라고 늘 말한다. 뿐만 아니라 회사에서도 옷차림에 대한 교육을 수시로 제공한다. 비즈니스는 타인과 상호작용하는 일의 연속이다. 사람은 사실 지위고하, 남녀노소를 막론하고 상당히 비이성적이며, 특히 귀보다는 눈을 통해 접수한 정보를 무의식적으로 더욱 신뢰한다. 말은 꼭 필요한 말만 짧게 하면 된다.

이미지가 좋거나 신뢰감이 드는 사람은 미사여구 없이도 높은 점수를 받는다.

옷을 잘 입으라는 말은 비싼 옷을 입으라는 뜻이 아니다. 드레스 코드에 맞게 입고, 단정하게 입고, 검소하게 입는 것이 비즈니스에 도움이 된다. 드레스 코드라고 하면 무슨 파티를 생각하는 이들도 있겠지만, 결국 상황에 맞게 입으라는 얘기다. 안에서 입을 옷과 밖에서 입을 옷을 구분하고, 일하는 장소에 놀 때 입는 옷차림으로 오지 말라는 것이다. 하지만 가장 중요한 체크 포인트는 내가 도움을 받아야 할 사람보다 '편하게 입지 않는 것'이다. 왜냐고? 좀 극단적인 비유지만, 옷을 편하게 입는 것은 누워서 부탁하는 것과 비슷하기 때문이다.

요즘 잘나가는 몇몇 업종은 일반적인 회사보다 근무 복장이 캐주얼한 것 같다. 문제는 약간 격식 있게 입고 와야 하는 장소에도 옷을 편하게 입고 와서는 "우리 회사는 다들 이렇게 편하게 입고 일해서"라고 말한다는 것이다. 목에 카드 달린 줄도 하나 매고 말이다.

회사에서 일할 때 입던 옷이 저녁 미팅 때의 드레스 코드와 맞지 않는 것 같으면 최소한 재킷 하나라도 걸치고 나와야 한다. 넥타이까지 매지는 않더라도 말이다. 어느 정도의 성의는 보여야 한다는 것인데, 앞서도 말했지만 옷차림에 신경을 쓰는 것은 내가 당신에게 이만큼 정성과 성의를 보인다는 표시다. 옷을 너무 편하게 입으면 기껏 당신을 돕기 위해 시간을 할애한 상대방에게 일종의 모욕감을 줄 수도 있다.

애플의 스티브 잡스나 페이스북의 저커버그의 패션도 영향을 끼친 것 같다. 하지만 그들의 상황과 한국의 상황은 다르고, 내가 저커버그가 아니라는 사실도 명심해야 한다. 얼마 전 페이스북의 개인정보 유출 문제로 청문회장에 선 마크 저커버그가 왜 갑자기 말쑥한 정장 차림으로 나타났는지도 생각해보기 바란다.

바쁘고 잘나가기 때문이라고 할 수 있겠지만 그럴수록 더 겸손하게 다른 사람을 배려한다면 훨씬 진중해 보이지 않을까? 비즈니스에서는 언제 어떤 인연을 만날지, 소개받을지도 모른다. 비즈니스는 총성 없는 전쟁이다. 늘 자기에게 맞는 전투복을 입고 다니자!

입어야 할 때와 벗어야 할 때

옷을 제대로 입어도, 제대로 관리하지 못하면 말짱 도루묵이 된다. 옷을 입는 것만큼 벗는 게 중요한 상황이 많다. 안쪽 바깥쪽을 구분하여, 바깥에서 쓰던 물건은 안으로 들어갈 때는 벗는 것이 원칙이다. 그저 형식적인 예절이 아니라 바깥에서 묻었을 더러움을 따로 분리해 식사를 하거나 할 때 위생을 도모하기 위함이다. 또한 대화 상대가 옷을 껴입은 채 있으면 마치 무장해제를 하지 않은 것처럼 불안한 느낌을 주기도 한다.

잘 벗어야 하는 것 중 첫 번째는 신발이다. 외부에 있다가 실내로 들어갈 때, 벗지 않아도 되는 곳이라 해도 신발에 묻은 흙을 잘 털고 들어가야 하고, 벗어야 하는 곳에서는 벗어서 가지런히 놓아야 한다.

다음은 외투다. 식당 등에 들어갈 때는 입구에서 외투를 벗어야 한다. 누군가 받아주는 곳이면 입구에서 맡기고, 아니면 적당하게 따로 둔다. 모자 또한 실내에 들어가면 벗는 것이 원칙인데, 매너라는 것도 기준이 변하고 있어 요즘은 머리 안 감고 나왔다거나 망가진다고 안 벗는 사람도 상당히 많다. 하지만 이 경우도 본인에게 마이너스가 되면 되었지 플러스는 아니다. 더군다나 식당에서 모자를 쓰고 있으면 기겁하는 분들도 많다. 문화권에 따라서도 모자에 엄격한 곳이 있으니 외국에 나가거나 외국 손님을 만날 때 특히 주의를 요한다.

입고 벗고의 매너에서 원칙은, 상대방이 벗는 만큼 따라 벗어 그 정도를 맞추는 것이다. 입고 있던 걸 계속 착용한 채 대하면 상대가 불쾌해질 수 있다. 당신이 목욕을 하고 있을 때 같이 벗고 있는 친구가 나를 보는 느낌과 탈의실에서 나는 벗고 있는데 주변에 옷을 입고 있는 사람들이 쳐다볼 때의 기분은 같을 수가 없다. 신발, 모자, 외투로 외우지 말고 그 맥락을 이해하자.

슬리퍼와 전투복

사무실에서는 책상 밑에 둔 슬리퍼로 갈아 신고 일하는 경우가 많다. 그러다가 기왕의 편리함이 확대되어, 처음엔 책상 밑에서만 조용히 신던 슬리퍼의 외출이 시작된다. 복도 끝 자판기에 커피 뽑아 마시러도 가고, 화장실에도 가고, 어쩌다 만만한 상사에게는 결재도 올리러 간다. 급기야 담배 피우러 1층에도 내려가고 점심 먹으러 밖으로도 나가면서 종횡무진의 슬리퍼맨이 된다.

우리는 편하려고 출근하는 것이 아니라 일하려고 출근하는 것이다. 대부분의 일에는 커뮤니케이션이 수반되는데, 비즈니스를 할 때 몸에 걸치는 모든 것이 나를 표현하는 언어다. 그래서 옷도 목적과 장소에 맞게 남의 시선을 의식해서 입는다. 슬리퍼도 옷의 일종이므로 편리함만 추구하다 본질을 잃어서는 안 된다.

평소 결재를 받으러 가거나 사내를 돌아다닐 때, 나의 편리함보다는 상사와 주변 동료에 대한 작은 예의를 놓치지 않는 것이 중요하다. 이런 매너는 당신이 그간 노력해온 일의 성과를 돋보이게 해주며 주변의 좋은 평판을 쌓아 올린다. 불편함은 돈을 벌어 벗어나는 것이지, 슬리퍼나 편한 옷으로 해소하는 것이 아니다. 참고로, 책상 밑에 슬리퍼와 함께 좀 편한 예비 구두와 구두주걱을 두면 적당한 타협을 이룰 수 있겠다.

배우가 자신의 연기를 뒷받침하기 위해 무대의상을 입고 분장을 하듯이, 우리도 우리가 하고 있는 비즈니스의 상황과 맡은 역할의 이미지에 맞게 의상과 분장을 준비하는 것이다. 회계를 맡은 사람은 숫자에 밝고 정직해 보이게 입고, 큰 프로젝트의 프레젠테이션을 앞둔 사람은 신뢰감과 전문성이 돋보이도록 입어야 하는 것처럼 말이다.

냄새도 관리 대상

아무리 옷을 멋지게 입어도, 입 냄새나 담배 냄새, 너무 진한 화장품 냄새나 향수 냄새 때문에 상대하고 싶지 않은 사람이 될 수도 있다. 특히 냄새라는 것은 누가 지적하기도 어려운 영역이라, 자신에게서 냄새가 나는지 안 나는지 영영 모를 수 있다. 스스로 조심하고 대비하는 수밖에 없다.

당신이 술을 자주 마시거나, 담배도 피우거나, 소화기관이 안 좋거나, 나이가 마흔이 넘었으면, 상대방과 얘기할 때 고약한 입 냄새가 날 것이라 전제하고 항상 대비해야 한다. 특히 담배를 피우지 않는 사람 앞에서는 더욱더 주의해야 하며 식사 후에는 반드시 양치나 가글을 하고, 정 여의치 않으면 껌이라도 씹고 나서 돌아다니는 것이 좋다. '설마 나한테서' 하지 말고 아주 가까운 사람에게 물어보고 확인하라.

좋은 냄새가 나라고 뿌리는 것이 향수지만, 향수라고 해도 뿌려서 다 좋은 것은 아니다. 많이 뿌리지 말고 오래된 것도 사용하지 말아야 한다. 오래된 향수 냄새처럼 역겨운 것도 없으니 싸다고 큰 거 사서 몇 년씩 쓰지 말고 작은 걸 사서 빨리빨리 쓰고 바꿔야 한다.

비즈니스 미팅이 있을 때는 향이 가벼운 향수를 선택하자. 너무 많이 뿌리거나 너무 짙은 향은 상대방의 두통까지 일으킬 수도 있다는 점을 염두에 두기 바란다.

신뢰를 입는다는 것

직장생활을 하면서, 지적을 하기에도 부담스럽고 지

적을 받으면 기분이 나쁜 것이 옷차림이다. 특히 남성 상사 혹은 동료가 여성 부하직원이나 동료의 옷차림에 대해 지적할 때 자칫하면 성희롱이 되기도 하고, 그 정도가 아니라 해도 '꼰대짓' 한다는 자괴감에서 자유롭기가 어렵다. 또한 지적을 받는 사람 또한 자신의 개성이나 자유를 억압당한다고 생각해 분개하게 마련이다.

그렇다면, '일하는' 옷차림에 대한 기준은 누가 마련해야 하는 걸까? 중요한 것은, 회사에 자신이 종속되어 있다는 생각 자체를 버리는 것이다. ○○○이라는 사람이 ×××이라는 회사를 다니는 것이 아니라 ○○○이라는 회사가 ×××이라는 회사와 일을 하는 것이라고 인식해보라. 회사를 위해서 옷을 갖춰 입는 것이 아니라 ○○○이라는 내 회사의 BI^Brand Identity를 위해서 옷을 갖춰 입는다는 개념이 형성된다.

회사를 다녀야 하니 하는 수 없이 시키는 대로 옷을 입는다고 생각해서는 안 된다. 그렇게 생각해봤자 이 세상 어느 회사도 내 인생을 책임져주지 않는다. 내가 언제 어느 회사로 옮기거나 스카웃될지 모른다는 생각을 늘 하고 있어야 한다. 옷차림, 말투, 매너 등은 일 이외에도 시장 안에서 나를 나타내는 수단이다. 시장 안에서 신뢰를 쌓기 위해서 스스로가 잘 챙겨야 하는 중요한 덕목이다.

7장

나쁜 식사 매너는
모든 것을 망친다

찌개 좀 덜어 먹읍시다

/

비즈니스에서 식사를 함께 하는 자리가 빠질 수는 없다. 그런데 식사 매너가 엉망인 사람이 꽤 있다.

집에서 밥을 먹을 때, 국은 사람마다 따로 담아줘도 찌개는 한 그릇에 담아 온 가족이 같이 먹는다. 그러나 이건 집에서 가족끼리 먹을 때나 그래도 되는 것이다. 밖에서 고기를 구워 먹을 때 나오는 찌개를 집에서 먹는 것처럼 자기 숟가락을 넣었다 뺐다 하며 먹으면 같이 식사하는 사람들은 어쩌라는 말인가.

특히 나이 드신 분들이나 옛날 사고방식을 갖고 있는 분 중에 이런 경우가 많은 것 같다. 개인 앞 접시에 국자까지 있는데도 숟가락을 찌개 냄비에 담갔다 자기 입에 넣어 빨았다 하면서 "시원하네, 다들 먹어."라며 다른 사람들에게 권하기까지 한다. 그 찌개를 먹고 싶지 않아 내가 따로 찌개를 더 시키려 하면 돈 아깝게 뭘 그러냐고 말린다. 숟가락을 서로 담가 먹는 게 한국의 정이라는 말도 한다. 특히 나이 어린 여성들 앞에서 이러는 사람들도 의외로 많다. 답이 안 나온다.

당신은 식구같이 생각되어서 그런다고 할지 몰라도, 남들은 당신을 식구같이 친근하게 생각하지 않을 수 있다는 점을 늘 상기해주기 바란다. 식당에서는 반드시 개인마다 앞 접시를 따로 요청해서 사용하는 것이 정석이다.

가뜩이나 나이 들면 뭘 먹을 때 입에서 음식이 많이 튀어나오는데 말은 또 끊이지 않고 이어진다. 자기 침 묻은 젓가락으로 고기란 고기는 하나도 남김없이 뒤적거리는 것도 모자라 고기 기름이 허옇게 묻어 있는 자기 소주잔을 돌리기까지 한다. 마지막에는 기어이 "어이 아가, 요지 좀 가져와." 하고는 이쑤시개를 이 사이에 끼고 나와야 직성이 풀리는 분, 이제 만남을 좀 사양하고 싶다.

사람들이 식당에서 다들 내 앞에 앉지 않으려 한다고 느끼는 분들은 생각 좀 해보라. 당신이 뭘 먹을 때 음식이 많이 튀어나갈 수도 있고, 고기 기름 묻은 잔 돌리기를 하거나 자기 숟가락, 젓가락으로 함께 먹는 음식을 건

드리는 게 원인일 수도 있다. 당신이 사소하다고 생각하는 식사 매너가 다른 사람에게는 지저분하기 짝이 없는 버릇일 수 있다. 그런 버릇 때문에 젊은 사람으로부터 얻을 수 있는 정보와 비즈니스 기회를 놓치면 되겠는가.

시니어가 나이를 앞세워 식사 자리를 주도하려 하는 게 꼴불견이라면, 주니어는 눈치가 없어서 실수를 한다.

주제가 비즈니스 매너니까 하는 얘기지만, 시간이 넉넉하지 않은 점심시간이라면 웬만하면 음식 주문할 때 윗사람과 같은 메뉴를 시키는 게 좋다. 당신이 과장이고, 회사 상무님 모시고 갑 업체 임원이랑 밥을 먹는다 치자. 업체 임원이 설렁탕 시키고 상무도 설렁탕 따라서 시키는데, 당신이 갑자기 도가니탕을 주문하면 분위기가 어떻게 되겠는가? 당연히 좋지 않다.

식사 중이라 해도 음식보다 대화나 시간이 중요한 상황이 있다. 이럴 때 자신으로 인해서 시간이 지연되거나 대화가 단절되는 일이 있어서는 안 된다. 내가 지금 음식을 즐기고 있는 순간인지 일을 하다가 음식도 먹는 순간인지를 구분하는 것은 그리 어렵지 않다. 늘 상황의 본질을 이해하자.

인상을 망치는 열 가지 행동

/

1) 음식을 입에 담은 채 말하다가 음식물이 입 밖으로 튀는 사람. 그러면서 앞사람에게 오늘 왜 이렇게 못 먹냐고 묻는 사람. (침이 다 튀어 더러워서 안 먹는 겁니다.)

2) 밥 나오기 기다리는 시간에, 또 밥 먹는 사이사이에 음담패설을 늘어놓는 사람. 심지어 자기 목소리가 아이들과 함께 온 옆 테이블의 가족에게까지 들리는데 자각하지 못하고 계속 떠드는 사람.

3) 서양에서는 식탁에서 코를 푸는 것이 에티켓에 어긋나지 않는다면 코 푼 휴지에 가래까지 뱉고는 상 위에 올려놓는 사람.

4) 젓가락으로 반찬들을 휘저어서 집었다 났다 하면서 골라 먹고, 찌개 나오니 다시 휘저으며 고기 고르다 다시 집어넣고 다른 고기 집어 먹는 사람.

5) 입을 가리며 사용한 후 조용히 버려야 할 이쑤시개를 이 사이에 꽂았다 뺐다 하다가, 한 술 더 떠 그 이쑤시개를 지휘봉처럼 잡고 흔드는 사람. 그러다 후식으로

과일 나오면 이 사이에 끼워둔 이쑤시개로 찍어 먹는 사람.

6) 고기 구워주는 식당 여성 종업원을 불러서 한잔하라며 술 따라 주고, 팁이라며 돈을 술잔에 싸서 주는 사람.

7) 여성들한테(남성에게도 안 좋지만) 마시던 술잔 돌리며, 빨리 마시고 자기도 한 잔 달라며 재촉하는 사람.

8) 공용 매운탕 냄비에 자기 먹던 숟가락 집어넣고 떠먹으며 "어, 시원하다." 하는 사람.

9) 먹고 난 음식 그릇과 자리가 전쟁터같이 더러운 사람.

10) 금연인 줄 알면서 은근히 모른 척하고 담배 피우는 사람.

꼴불견 식사 매너를 생각나는 대로 써보았다. 번호를 달긴 했지만, 숫자가 높다고 해서 사소하다는 건 아니다. 한 가지라도 해당되면 고쳐야 한다. 식사가 끝나 집에 돌아오면 그 자리에서 주고받은 대화와 상대방의 이미지가 남는데, 위의 경우에 해당하는 사람이라면 그 이미지가 좋을 리가 없다. 그런 식사 자리를 가져봤자 서로 효과 없이 시간만 낭비하는 거다.

밥 먹는 속도

/

　오해가 없도록, 이 글은 비즈니스 매너에 관한 것이라는 점을 다시 한 번 밝히며 얘기를 이어간다. 식사를 같이 하면 혼자 밥을 빨리 먹고 아직 먹고 있는 상대방을 쳐다보며 부담스럽게 하는 사람이 있다. 또 반대로 밥을 천천히 먹으면서 심지어 할 얘기 다 하느라 기다리는 상대방을 답답하게 하는 사람도 있다. 양쪽 다 좋지 않다. 그렇다고 해서 밥 먹는 시간을 재가면서 먹을 수도 없고… 어찌하는 것이 좋은 매너일까?

　대전제는, 비즈니스에서는 상대방에 맞추는 것이 기본이라는 사실이다. 또한 상대방에 맞춰준다는 티를 너무 내서도 좋지 않다.

　그렇다면, 메뉴를 정할 때 늦게 나올 확률이 높은 음식은 가급적 배제하는 것이 우선이다. 앞서 윗사람이 주문하는 음식을 따라 주문하는 게 좋다고 말했는데, 꼭 윗사람이 아니더라도 일행과 같은 음식을 주문하면 먹는 속도도 어느 정도 맞출 수 있다는 장점이 있다.

　물론 같은 음식을 먹는다 해도, 먹는 속도가 유난히

느린 사람이 있다. 그런 사람에게는 일단 밥 일부를 깨끗하게 덜어놓고 먹는 것을 권한다. 원래 먹는 양이 좀 적은 듯이 일부를 덜어놓고 먹으면, 식사 끝내는 시간을 상대방과 맞출 수 있다.

혼자 다 먹고 나서 상대방이 먹는 것을 빤히 쳐다보는 것도 실례다. 상대의 식사가 아직 끝나지 않았는데, 혼자 다 먹었다고 "여기 치우고 커피 좀 주세요." 하는 사람도 있는데, 상대방의 식사를 재촉하는 느낌을 주니 큰 결례가 된다는 점을 알아야 한다. 자신이 너무 빨리 먹는 스타일이라면, 식사를 하는 동안 상대방이 먹는 모습을 잘 살펴서 속도를 맞춘다.

상대방을 기다리게 하거나 뻘쭘하게 하는 일은 비즈니스에서는 다 마이너스다. 남을 빤히 쳐다보고 있는 것도 틀린 매너다. 식사는 같이 시작해서 거의 같이 끝나도록 늘 속도를 맞추도록 유념한다. 또한 비즈니스를 위한 식사 자리에서는 혹시 먹다가 음식에서 뭐가 나오거나 종업원이 기분 나쁘게 하는 일이 있어도 너무 눈에 띄지 않게 처리하자. 내가 기분 나쁜 것을 확산시켜서 식사 자리 전체의 분위기가 망가질 수 있음을 고려해야 한다.

밥 하나도 편하게 못 먹냐고 불만스럽게 생각할 일이 아니다. 밥 먹는 거 하나로 상대방의 마음을 얻는다 생각하면 그리 힘든 일이 아니다. 밥도 먹고 돈도 번다고 생각하라. 밥을 맛있게 먹는 것도 중요하지만 돈을 많이 벌게 되는 것이 좋은 일이니 말이다.

비즈니스는 다른 일은 다 참고 견디며 물건 값을 안 깎아주는 게 잘하는 거다. 밥 정도는 이렇게 신경 쓰며 먹을 수 있는 것이고 그래서 돈 벌기가 힘들다고 하는 거다.

상대방의 시간을 낭비하지 말자

비즈니스 상대에게 밥을 같이 먹자는 것은, 밥을 먹으면서 일 이야기를 하자는 뜻이다.

접대를 위해 억지로 만나는 경우가 아니라면, 심심풀이나 시간 죽이기로 만나는 자리가 계속 이어지는 경우는 없다. 따라서 일 때문에 사람들을 만나 식사를 하거나 술을 마실 때 우리가 집중해야 하는 것은 '대화의 질'이다. 평상시 고민하고 추구하는 내용을 공유하고 토론하며 상호간에 진정한 의사 교류를 하거나 자신에게 부족한 것을 듣고 배우는 것이어야 한다.

이런 간단한 원칙을 지키지 않는 사람이 있다. 당연히 자신은 그것이 왜 문제인지 모르면서 저지르는 비매너다. 다음과 같은 것들이다.

1) 음식을 먹다 담배 피우러 나간다며 대화 나누던 상대방을 혼자 남겨두는 사람.

2) 혼자만 쉬지 않고 얘기하는 사람.

3) "누구 알지? 어느 대학 나와서 길동이 5년 선배인데 이번에 출마해서…" 자기 생각, 자기 얘기는 없고 남 얘기만 하는 사람. 내가 진정 아는 사람은 지금 휴대폰으로 전화했을 때 통화가 가능한 사람뿐이고 나머지는 그냥 다른 사람이다. 그러니 아는 사람끼리 만나서 다른 사람 이야기만 하는 것은 자제하자.

4) 대화하다 말고 휴대폰 통화를 오래 하는 사람. 밖에서 통화한다며 나가서 한참 후에 돌아와서 사과하지

않는 사람. 그러고는 방금 통화한 상대가 얼마나 대단한 사람인지 떠벌리거나 묻지도 않았는데 그 사람에 관한 얘기를 하는 사람.

당신이 휴대폰 통화를 하는 동안 상대방은 심심하고 뻘줌하다. 당신이 그의 소중한 시간을 빼앗는 중이라는 사실을 알아야 한다.

8장

비즈니스 미팅의
기본

미팅을 갖기 전에

/

비즈니스 미팅을 준비하는 것은 손님을 맞는 것과 같다. 생일이나 축하할 일이 있어 집으로 손님을 초대해 본 경험이 있다면, 그것이 얼마나 손이 많이 가고 정성을 들여야 하는 일인지 잘 알 것이다. 신경 쓸 일은 또 얼마나 많은가. 누구를 부를까, 음식은 어떤 것을 준비할까, 어떤 대화가 오갈까, 마무리는 언제쯤 할까, 귀갓길 교통편은 마땅한가 등등의 일들을 시뮬레이션하며 필요한 것을 챙기다 보면 하루이틀이 훌쩍 지나간다.

비즈니스 미팅 또한 이런 마음가짐으로 준비해야 한다. 오늘 이 만남이 내가 상대방을 초대한 것이라고 생각하면 아주 중요한 이슈가 간단히 해결된다.

비즈니스 미팅이란 서로가 원하는 것을 얻기 위한 자리다. 따라서 상대방을 만날 준비를 하는 데 꽤나 많은 노력이 필요하다. 상대 회사의 최근 상황, 실적 및 관련

뉴스를 파악함은 물론, 지난 만남의 어젠다가 무엇이었는가를 체크하고, 이번 만남을 통해서는 남은 문제를 어떻게 풀고 발전시켜갈 것인지 예상해봐야 한다. 내가 양보할 수 있는 것과 성취해야 할 것의 예상 문제를 뽑고, 그러한 논의가 궁극적으로 서로의 이익이나 가치를 높이는가에 대한 믿음도 충분히 확인해봐야 한다.

왜 만나는가, 그것이 바로 어젠다이다. 미팅의 목표를 확실히 인식한 후, 그 목표가 달성될 수 있도록 노력하여 최종적으로 긍정적인 결과물이 나올 수 있도록 준비하는 것이 프로페셔널한 비즈니스 미팅이다. 비즈니스는 노골적이어야 하기 때문에, 역설적으로 레토릭도 많이 필요하다. 곰국 국물이 진해서 파도 많이 넣는다는 의미인데, 그렇기에 매너가 필수적이다.

본론부터 바로 얘기하기 하기 전에 분위기를 부드럽게 하기 위해 날씨 얘기도 하고 조크도 던지고 신변잡기도 읊어보는 것이 상례常例다. 문제는 신변잡기에서 시작했다가 정치 얘기로 넘어갔다가 과거 추억을 회상하다가 술은 취하고 헤어질 시간이 됐는데도 끝까지 본론이 나오지 않는 것이다.

누구에게나 시간은 소중하다. 그러니 저녁식사처럼 상당한 시간을 같이 보내는 이벤트에서는 각별한 사전 준비와 배려가 필요하다. 두 시간 남짓한 영화를 봐도 수준에 못 미치거나 재미가 없으면 시간도 돈도 아깝다. 하물며 비즈니스를 위한 만남이 의미 없는 시간이 될 때 그 불쾌감이 얼마나 클지는 쉽게 가늠할 수 있다.

우리가 미국이나 독일 등의 나라와 비교해서 노동생산성이 절반밖에 되지 않는 이유는, 아마도 이런 준비 없는 만남으로 낭비되는 시간 때문이 아닐까 의심하게 된다. 나는 한국 사람들이 개인적으로 그 어느 나라 사람들보다 똑똑하다고 믿기에 이러한 누수漏*가 형편없는 저생산성의 원인이라고 단정하고 싶어진다.

상대 회사의 기본 정보와 관련 자료를 숙지하지 않은 채 비즈니스 미팅에 나와서 쓸데없는 질문을 하면서 시간을 끄는 사람들을 가끔 본다. 과연 어떻게 성과를 낼지 걱정이 되고, 심지어 어떨 땐 측은하기까지 하다. 어떤 목표에 따라 어떤 성과가 나왔는지 명확히 알 수 있는 미팅을 하자. 어제 많이 마셔서 돈이 얼마나 나왔다는 식으로 미팅의 성과를 따지지 말자는 말이다.

약속 시간에 늦는다는 것

다섯 사람과 만나기로 했는데 10분 지각을 하면 남의 시간 50분을 낭비한 셈이 된다. 약속 시간을 지키지 못하는 것은 어느 경우라도 문제지만, 거기에도 경중은 있다. '시간을 얼마나 늦는가'와 '어떤 약속인데 늦는가'에 있어서다.

시간을 기준으로 볼 때는 약속 시간에 늦을수록 당사자는 화가 난다. 특히 단 둘이 만나는 약속에 상대가 늦는 경우에는 식당에 혼자 앉아 있기도 민망하다.

약속 시간에 늦는 경우 중 '멘탈 갑' 대형사고가 있다. 친구의 부탁으로 나도 만나기 힘든 분을 간신히 모시고 나왔는데, 부탁한 친구가 늦어버리는 경우다. 주선자의 입장에서는 좌불안석의 극치고, 나중에는 완전히 돌아버린다.

이렇게 어려운 자리를 마련했다면, 당연히 '어떠한 경우에도 늦지 않는' 완벽한 계획을 잡고 출발해서 적어도 30분 전에 도착해 있어야 한다. 약속 장소에 먼저 도착해서 자리를 잡고 혹시 불편한 일이 발생하지 않도록 사전 점검도 해놓아야 한다. 가급적 입구에 나가 서서 기다리거나 자리에 앉아 있었더라도 상대방이 들어오는 것을 보면 일어나서 몇 걸음 걸어나가 자리를 안내하는 것이 기본이다.

이런 것들이 거추장스러운 겉치레 같지만 도움을 부탁하는 입장에서 처음에 보여줄 수 있는 것은 반듯한 매너와 정성스러운 첫인상밖에 없지 않겠는가.

대화의 지분

/

비즈니스의 시작은 사람 간의 만남에서 비롯된다. 어떤 의도를 바탕으로 하든, 어떤 우연이 서로를 연결해주든, 결국 다른 사람을 만남으로써 새로운 영역이나 경지로 진입하게 된다. 직접적인 대면일 수도 있고, 책이나 기타 미디어를 통한 간접적인 소통일 수도 있다. 아무튼 우리는 새로운 사람과의 만남을 통해서 새로운 세계를 경험하게 된다.

만남은 시간 속에서 이루어진다. 그런데 미디어를 중

간에 둔 만남은 오롯이 내가 시간을 지배할 수 있다. 특히 책을 통한 만남이 그러한데, 내가 읽고 싶은 시간에, 내가 들이고 싶은 시간만큼 들일 수 있는 자유가 있다. 그러나 직접 대면할 때는 얘기가 다르다. 그 시간은 공유하도록 합의되어 있는 것이라는 개념을 가져야 한다. 공유가 합의된 그 시간을 채우는 것은 대부분 '대화'이고 그 외에 일부 부수적인 활동이 있을 뿐이다.

우리의 만남에서 가끔은, 아니 실은 꽤나 자주, 합의되지 않은 일방적인 시간의 점유가 발생할 때가 있다. 대화의 독점이다. 강의를 들으려 만난 것이 아닌 이상, 어느 일방이 혼자 말을 많이 하는 것은 공감되거나 합의되지 않은 것이다. 그러면 다른 한쪽에게 그 만남은 짜증의 시간이 될 뿐이다.

물론 대화를 나눌 때 시간의 점유가 탁구를 치듯이 한 번씩 공평하게 이어질 수는 없다. 하지만 함께 있는 사람들의 표정을 잘 살피면 지금 분위기가 지루한지 유쾌한지 가늠할 수 있고, 지루해하거나 불쾌해하는 기운이 감지되면 대화의 기회를 다른 사람에게 양보해야 한다. 쉽게 얘기해서, 지루한 대화로 시간을 독점하는 사람은 노래방에 가서 마이크를 절대 놓지 않는 사람과 같다.

대화를 순환시켜 시간을 공평하게 공유하는 것이 만남에서 약속된 매너다. 이와 반대로, 갑자기 자리를 오래 이탈하여 대화의 공백을 야기하는 것도 무례의 극치임을 인식해야 한다.

눈 맞춤

/

대화를 나눌 때 시선 처리를 잘못하여 공든 탑이 무너지거나 노력한 것에 비해 효과가 반감되는 경우가 있다. 특히 상대가 이야기하고 있는데 딴짓을 하는 경우는 물론이고, 주목하지 않는 것만으로도 상당한 불쾌감을 유발할 수 있다.

상대와 시선을 적당히 교차하면서 공감의 뜻을 표하는 것까지가 대화의 일부분이라고 생각해야 프로다. 옷이나 액세서리, 제스처나 자세 못지않게 아이 콘택트 Eye Contact를 어떻게 하는가에 따라 언어의 느낌과 전체적인 인상이 완전히 달라질 수 있다. 눈이 맞아 달아났다는 말이 괜히 있는 것이 아니다.

공적 만남이든 사적 만남이든, 만남의 시간에 휴대폰이 끼어들면 나쁜 매너다. 미팅이 시작되기 전 휴대폰은 끄거나 무음으로 해놓는 게 기본이다. 급한 일이 있어 정 전화를 받아야 한다면, "내가 7시경에 급한 전화를 받아야 하니, 이해해달라."고 사전에 양해를 구해놓아야 한다. 대화 중에 전화가 오면 잠깐 실례한다고 말하고 짧게 받거나, 혹시 통화가 길어질 것 같으면 양해를 구하고 자리를 떠나서 전화를 받아야 한다. 특히, 남의 앞자리를 비우는 것은 어떤 이유로든 상당히 결례이니, 내 부재함을 옆 사람에게도 환기시켜 대화를 자연스럽게 이어가도록 해주는 것이 바람직하다.

문자 메시지도 마찬가지다. 사람을 앞에 앉혀놓고 눈을 마주 보며 대화를 나누는 게 아니라 자기 휴대폰에 코를 처박고 문자 메시지나 보내고 있을 거라면 무엇 하러 미팅을 하는 것인가.

사람과 함께 있을 때는 앞에 있는 사람이 우선이다. 사람과의 대화가 휴대폰 때문에 끊기는 것은 크나큰 실례라고 마음속에 새겨놓자. 이러한 매너는 함께 운동을 하거나 차를 타고 이동하는 등의 경우에도 마찬가지로 필요하다.

잠시 실례하겠다고 하는 이유

이렇게 얘기하는데도 전화 통화 좀 하는 게 뭐가 그리 실례냐고 따지는 사람이 있을 터이다. 대화를 하다가 휴대폰을 받는 것이 왜 미안하다고 말해야 하는 일일까?

우리는 늘 "텔레비전을 본다."고 표현하지만 텔레비전을 켰는데 소리가 안 나면 고장이 난 거다. 사람들끼리도 "얼굴 한번 보자."며 만나는 것이지만, 거기서 오디오가 꺼지면 이 역시 고장 난 만남이 되는 거다.

내가 화장실에 가느라 자리를 뜨거나, 휴대폰을 받거나, 담배를 피우러 나가거나, 잠시 주목하지 못하거나 등등의 이유로 대화가 끊기게 된 것이 텔레비전 시청 중 오디오가 먹통이 되는 것과 똑같다는 얘기다. 만남의 주역은 대화인데, 그 대화가 끊어지는 상황을 유발할 때 실례한다고 얘기하는 것이다.

수업시간에 휴대폰 보는 것에 예민한 교사가 있듯이, 대화가 끊기는 것을 민감하게 불쾌해하는 사람들이 있다. 대부분 시간과 만남의 의미를 소중히 여기는 사람들이다. 비즈니스를 성공시키고 싶다면, 제발이지 시간에 민감한 사람의 앞자리를 비우지 마라. 차라리 만남의 횟수나 시간을 단축할지언정 대화에 알맹이가 없거나 대화의 흐름이 끊기거나 하는 일들이 생기지 않아야한다.

매너를 몰라서 자기에게 도움이 되는 사람과의 인연을 깨뜨린 적이 없는지 곰곰이 생각해보라. 비즈니스에서는 영향력 있는 사람과 보낸 한 시간이 그렇지 못한 사람과 보낸 백 시간보다 값진데, 중요한 것은 그 한 시간이 그저 한 시간이 아니라 '잘' 보낸 한 시간이어야한다는 사실이다. 비매너로 좋은 사람과 좋은 기회를 잃지 말자.

기록을 하지 않으면

/

학창시절 수업시간에 선생님이 "성선설이 맞는 거 같냐? 성악설이 맞는 거 같냐?"라고 물었다. 그때 나는 "그냥 왔다리 갔다리 하는 거 아닙니까?"라고 말대꾸했다가 혼이 났다. 그 뒤로 30여 년 세월이 흘러 이제 성년이 된 자식을 둔 나이가 되었다.

아이들이 커갈 때 가장 자주 해준 말 중 하나가 "인간은 왔다리 갔다리 하니까 왔을 때랑 갔을 때를 잘 살피며 살아라."이다. 낮에 내다본 창문 밖은 훤하고 밤에 본 창밖은 어둡듯이, 착했다가 나빠지기도 하고, 사람의 마음은 어제까지 이뻤던 사람이 오늘 미워 보이기도 한다.

이런 말을 왜 하느냐 하면, 일을 할 때 사람을 믿는다고 하지 말고 중요한 사항은 내용을 좀 써놓으라는 얘기를 하고 싶어서다.

계약서를 잘 써놓고 비즈니스를 해도 나중에 분쟁이 생기는데, 우리나라 사람들은 일생일대의 중대한 이야기일수록 소주 마시면서 취해서 한다. 그날 한 말의 기억이 서로가 늘 다르다. 사실 기억에 남는 말이 별로 있을

턱이 없다. 중요한 얘기라서 각 소주 2병에 맥주 입가심까지 진탕 했으니 말이다.

비즈니스는 벌어졌고, 어찌어찌하다 망했다. 그리고 그 유명한 한마디만 남는다. "걔가 나한테 이럴 줄 몰랐다!"

9장

일 잘하는 사람의 매너

좋은 일은 말로 하고 나쁜 일은 글로 하라

직장에서 상사에게 보고를 하거나 회의를 할 때 좋은 일은 그냥 말로 해도 된다. 좋은 일이 있으니, 감정 상할 일이 별로 없다.

하지만 의견이 다르거나 지시사항과 차이가 있는 결과를 보고할 때는 반드시 글로 하는 게 좋다. 도표 같은 것을 크게 만들어서 보여주고 "도표에 의하면", "보시다시피" 같은 말을 활용하라. 말로 하면 말하는 이가 밉지만, 도표로 보여주면 도표가 밉다. 상황을 객관화시켜서 보여주면 감정적으로 부딪칠 확률이 줄어드는 이치다.

성과가 안 좋은 상황이라면 뭐든 기분 나쁠 확률이 높다. 그럴 때 일단 상사의 부정적인 감정이 나한테 쏠리지 않게 하는 요령이 필요하다. 예를 들어 상사가 "(이윤을) 좀 더 남겨봐."라고 할 때 바로 "그거 안 됩니다."라고 대꾸하지 말고, "도표에서 보시는 바와 같이, 말씀대로 하려면 약간의 시간은 걸립니다. 하지만 어떻게든 열심히 하겠습니다."라고 말하고 일단 자료를 놓고 그 방에서 빨리 나오는 것이 좋다.

어차피 혼자 조용히 보고 자료 읽다 보면 상사 역시 현실을 직시하게 된다. 굳이 늘 생각이 왔다리 갔다리 하는 인간을 상대로 조급한 정면승부를 보려고 하지 마라. 이런 것이 처세다.

질문을 잘 듣고 콕 집어 대답하기

"지금 밖이 몇 도쯤인가?"라고 물어봤는데 "상당히 추운 거 같습니다."라고 대답한다. "늦는다면 몇 시까지 올 수 있나?"라고 묻는데 "지금 차가 계속 막히고 눈도 갑자기 내리기 시작해서 좀 많이 늦을 것 같습니다."라고 대답한다.

이런 식으로 말하는 사람들과 일하면 많이 답답하다. 누군가가 질문을 하는 것은 얻고 싶은 정보가 있기 때문이다. 그러니 대답할 때는 '내가 제공한 그 정보가 질문자의 목적에 부합하는 걸까?'를 미리 생각해봐야 한다.

꼭 정확하게 맞추지 못하더라도 묻는 이의 의도에 반응해야 한다는 말이다. 예를 들어, 집을 사려고 하는 사람이 "앞으로 집값이 계속 오를까?"라고 묻는다면 이것은 기왕에 집값이 떨어지지 않는다고 믿고 집을 사려고 결심한 사람의 질문이니 적어도 "최소한의 물가 상승률만큼은 오른다고 봐야 하고, 당신이 선택한 지역의 집값은 그동한 꾸준한 상승세를 보여왔지 않아?" 정도의 대답은 해주어야 한다는 것이다.

또 다른 예를 들어보자. 어느 선배가 "다음 주에 홍길동이와 술 한잔하자!"라고 말했다면 이것은 내게 그리할 의사와 시간이 있는지를 물어보는 의미와 함께, 홍길동에게 연락하라는 의미도 들어 있는 것이다. 그러니 "전 다음 주 화요일 빼고는 괜찮은데 월, 수, 목, 금 중 괜찮은 날을 한두 개 잡아주시면 홍길동한테 물어보고 일정 잡겠습니다."라고 대답하는 것이 시원시원한 대응이다.

이름과 직급과 직책

/

서양 사람들과 일하다 보면 이름 외우기의 달인 같다는 느낌을 받는다. 어쩌면 그 많은 사람의 이름을 싸그리 다 외워서 바로바로 부르는지, 처음엔 놀랍고 희한했다. 그러다 몇 년 전 모 회사의 Y회장이 스무 명 넘는 사람과 인사하고 나서 의식적으로 이름을 바로 외우는 것을 보고 그 역시 노력하면 되는 일이라고 믿게 되었다.

비즈니스에서 이름만큼 중요하고 자주 부르는 것이 직급과 직책인데, 통상 실수하는 게 직급과 직책을 뒤섞어 부르는 일이다. 직급은 그 회사에서 그 사람의 직무급수이고, 직책은 맡고 있는 역할이자 포지션이다. 성이 김 씨고 직급이 전무인데 직책이 대표이사인 사람이라면 '김○○ 대표이사'라고 부르면 된다. 굳이 '김 전무'라고 부를 필요가 없다는 것이다. 군대에서 투 스타 사단장한테 '소장님'이라고 부르지 않고 사단장님이라고 부르는 것과 마찬가지다.

이름을 틀리게 부르거나 직책이 바뀌었는데(높아졌는데) 이전 직책으로 부르는 것은 쉽게 자신의 이미지를 실추시킴은 물론, 큰 결례가 되는 행동이다.

또한 누군가를 부를 때 가장 중요한 요건은 상대방이 불쾌함을 느끼게 해서는 안 된다는 것이다. 내가 친근함의 표현으로 부른 호칭이 상대방에게 거슬림이나 모욕감을 주는 경우가 있다. 윗사람의 경우는 하대를 잘못하는 경우에 생기는 일이고, 아랫사람의 경우 윗사람을 편하게 부르다가 발생하는 것이다. '홍길동 씨'라고 호칭할 일을 '길동아'라고 부른다거나 '홍 과장님' 할 일을 '길동 과장님'이라고 부르는 경우를 예로 들 수 있겠다.

처음 만나는 것이라 어떻게 불러야 할지 잘 모르거나 헷갈릴 때도 있을 것이다. 제일 좋은 방법은 "제가 어떻게 호칭을 하면 좋겠습니까?" 또는 "앞으로 홍 과장님이라고 하면 되겠습니까?"라고 먼저 물어보는 것이다.

상대방이 짧게 말하게 하라

요즘 젊은이들이 전화로 대화하는 것을 영 껄끄러워한다고 한다. 실제로 봐도 전화 응대를 제대로 못 하는 경우가 많았다. 이를테면 다음과 같은 경우다. A는 전화를 건 사람, B는 전화를 받은 직원이다.

A: 여보세요. 김똘똘 부장님 계세요?

B: 아니요.

A: 자리에 안 계세요? 혹시 외출하셨나요?

B: 네.

A: 저는 삼삼물산 홍길동 과장인데, 전화 왔었다고 메모
좀 남겨주세요

B: 네.

다음의 전화 통화와 비교해보자.

A: 여보세요. 김똘똘 부장님 계세요?

B: 외출 중이신데 메모 남겨드릴까요? 실례지만 어디시죠?

어느 쪽이 효율적인지 금방 알아볼 수 있다. 우선 통화를 짧게 할 수 있으니 시간 낭비와 신경 소모를 방지해서도 좋지만, 이쪽에서 필요한 정보를 정확히 알 수

있다는 게 중요하다.

예의 바르고 정확한 의사전달을 해야 하는 건 문자 메시지나 SNS로 대화할 때에도 마찬가지로 적용된다.

A: 내일 12시에 봅시다.

<u>B: 네.</u>

B: 식당은 어디가 좋을까요?

A: ○○에서 7시에 봅시다.

<u>B: 네. 내일 뵙겠습니다.</u>

시니어와 주니어가 주고받은 문자 메시지다. 그런데 젊은 사람들과 문자 대화를 하다 보면, 밑줄 친 대화에 해당하는 말을 생략하는 사람들이 많다. 당신이 주니어라면 밑줄 친 것과 같은 끝맺음을 꼭 하는 것이 맞다. 문자 메시지도 실제 대화랑 똑같은 거라서 말할 때와 똑같이 대답을 해야 하는 것이다.

말하기와 관련된 것은 아니지만, 끝맺음의 중요성에

관한 것이라 한마디 덧붙인다.

페이스북 글에 후배들도 가끔 밥을 사는 거라 했더니, 그 글을 읽고 바로 밥을 산 후배가 있었다. 밥을 잘 대접 받고 커피도 얻어 마셨다. 헤어질 때 먼저 들어가라고 하니까 내가 가는 거 보겠다고 기다렸다. 이게 잘 배운 거다!

아랫사람이 먼저 등을 보이는 것은 좋지 않다. "네, 다음에 뵐게요." 하고 먼저 움직일 수도 있지만, 윗사람이 등 돌리고 가는 것 보고 나서 몇 십 초 늦게 움직이면 금상첨화가 되는 거다.

언성을 높여 화내지 마라

/

화가 치솟고 언쟁이 격화되거나 "그러니까 내 말은!" 이런 말이 반복되는 상황에서는 입을 다물고 가급적 빨리 자리를 뜨는 것이 좋다. 왜냐하면 지금 당신 앞에 있는 사람은 말귀를 못 알아듣는 바보이고 당신은 바보와 계속 얘기하고 있는 멍청이일 확률이 높기 때문이다.

바보와 멍청이가 만나면 화라는 스파크가 일어난다. 바보와 멍청이의 만남은 마치 구멍이 안 맞는 볼트와 너트를 조이는 것과 같다. 끼워보면 끼워볼수록, 어떻게 맞게 되지 않을까 생각할수록 고장만 나는 것과 다를 게 없다고 보면 된다.

인간은 기본적으로 똑똑하지 않다. 가끔 똑똑하거나 뭔가에만 똑똑한 게 인간이다. 가끔 또는 뭔가만 잘하는 인간들끼리 모여서 가치를 만들어서 사고팔고 하는 것에 돈 문제까지 붙어 있는 게 비즈니스다. 그러니 꼭 적정 거리를 두고 저 볼트가 내 너트와 맞는지를 먼저 살펴봐야 한다.

난 그냥 막 했는데도 잘 맞더라 하는 사람들의 말 같은 걸 믿지 마라. 그 사람들은 엄청나게 여러 번을 맞춰봤던 경험을 나중에 '그냥' 했다고 표현하는 것이지, 진짜로 한 방에 딱 맞았다고 얘기하는 것이 아니다. 자기가 좀 잘나 보이려고, 또는 운이 좋아 보이려고 과장하는 면도 있을 수 있다.

우리가 비즈니스를 하다 보면 화가 날 만한 상황이 방귀 뀔 일만큼 자주 발생할 수밖에 없다. 누구나 방귀를

뀌지만 혼자 조용히 뀌어야지 남 앞에서 뀌면 서로 화가 나듯이, 뭔가 스파크가 날 것 같으면 조용히 자리를 일어나자. 당신이 뀌든 상대방이 뀌든, 현명한 사람은 자리를 뜨고 어리석은 사람은 냄새를 맡는다.

사람마다 생각이 다름을 아는 게 매너다

／

서로 생각이 다른 사람들끼리 만났을 때, 제일 하책下策은 상대방을 설득하려고 애쓰면서 안타까운 시간을 보내는 것이다. 남는 것은 주고받은 말들로 인한 상처와 악감정뿐이다.

사람마다 얼굴이 다르듯이 서로 생각이 다른 것이 지극히 정상적인 현상이다. 그러니 생각이 다른 것이 절제되지 않고 드러나 부딪치는 사람을 만나면 일단 자리를 피하는 것이 상책이고, 일 때문에 최소한의 시간은 머물러야 하는 경우라면 축구 경기에서 골을 넣은 후에는 수비만 하듯이 말을 아끼고 견디다가 집에 돌아오는 것이 차선책이다.

매너에 익숙한 사람은 사람마다 생각이 다르다는 것을 알고 있고, 어떻게 하면 서로 다른 생각 중에서 최소한이나마 공통분모를 찾을까 고민하는 사람이다. 좋은 그룹이 짜이면 움직이고, 그렇지 않은 경우에는 멈추는 것이다. 똑똑하기도 하고 매너도 있는 경우다.

반대의 경우를 보자. 일천한 지식에 말도 많고 목소리도 크다. 말의 어느 구석에도 자기의 생각과 듣는 사람의 생각이 다를 수 있다는 배려가 없다. 어쩌겠는가. 여기서 끝난 거다.

사람은 쉽게 변하지 않는다. 그 사람이 어쩔 수 없이 만나야 하는 갑이라면 벌 받는다고 생각하고 시간을 때워주고, 내게 선택권이 있는 경우라면 만남을 피하거나 최소화하는 것이 현명한 처사다.

나와 생각이 다르지만 상대방이 스승으로 보이면 내 생각의 스위치를 내리고 듣게 되는데, 그것을 우리는 '배운다'고 한다. 하지만 누군가가 내게 배우려고 온 자리가 아님에도 자기를 강하게 내세우는 것은 대화의 본질을 모르는 무식한 행동이다.

10장

공공장소,
일상생활의 매너

적정 거리와 공유

도로에는 속도 제한과 차간 거리라는 법규가 있다. 너무 빠른 속도로 운전해서 사고 위험을 증가시켜서도 안 되고 너무 바짝 다가와서 추돌사고의 위험을 증가시켜서도 안 된다. 이것에 대해 지적하면 오히려 "이 도로가 니 거야, 임마!"라고 화를 내는데, 내 것이나 네 것이 아니라 우리 것이니까 서로 적당한 선을 지키자고 말하는 것이다.

한국에서 적정 거리 개념이 가장 약한 것 중 하나가 목소리, 즉 성량 조절이다. 식당에서 다른 테이블에 앉은 사람들의 말이 내 귀에 너무 잘 들리면 안 되는 거다. 식당에서 성량의 적정 거리는 자기 앞사람에게 들릴 정도다. 원래 자기 목소리가 커서 그렇다는 사람이 있는데, 성량이 엄청 큰 성악가도 매너가 좋으면 다 볼륨 조절한다. 엘리베이터 안에서는 아무리 볼륨을 조절해도 남의 귀에 들린다. 그래서 어지간하면 내린 다음에 말하라는 거다. 내 텔레비전 소리가 옆집에 들리고, 옆집 노랫소리를 내 집에서 들을 수 있다면 거리 조절을 못 한 거다.

성량 조절 못 하는 사람은 비밀 조절도 못 할 것 같은 인상을 준다. 비즈니스는 상호 보안을 유지해야 하는 경우가 많은데, 적정한 성량도 유지하지 못하는 사람은 불안감을 준다. 그렇게 불안감을 주는 것이 당신을 좋은 기회로부터 멀어지게 한다. 목소리를 낮추고 신뢰감을 높이자. 낮은 성량으로 앞에 있는 사람만 들리게 또박또박 얘기하는 것이다. 오버해서 귓속말 하는 것도 마찬가지다. 좋은 비즈니스 기회가 멀어질 거다.

적정 거리를 유지해야 하는 이유는 그 공간을 당신 혼자 쓰는 것이 아니기 때문이다. 도로, 식당, 엘리베이터 모두 그렇다. 혼자 전세 낸 거 아니다. 당신은 돈을 내고 일부만 잠깐 쓰는 것이다. 남의 자리를 물리적으로 침범하면 안 되는 것은 물론이며 소리, 냄새, 역겨운 이미지 등 남에게 피해를 주는 어떠한 침범도 일어나지 않도록 주의해야 한다.

기차에서 "내가 내 자리에 앉아서 휴대폰 하는데 당신이 뭔 상관이야!" 하면 틀린 거다. 당신이 나의 공간까지 시끄러운 소리로 침범했기 때문이다. 맨발 벗고 발가락 긁으면서 "내 발가락 내가 가려워서 긁는데 왜 참견이야!" 하면 틀린 거다. 당신이 역겨운 풍경을 만들어 내 평안을 침범했기 때문이다.

이렇게 얘기하면 '도시락은 냄새 나는데 왜 먹냐?'고 따지는 사람이 있다. 그 공간(기차)에서는 피차일반으로 양해를 하므로, 냄새가 나도 먹는 것이고 사회적으로 합의된 걸로 간주하기 때문인 거다.

내게 주어진 범위에서 튀어나가면 안 되는 것에 몸, 소리, 꼴불견, 냄새 등이 다 포함된다. 이제는 "이 기차가 니 거야?" 같은 유치한 언쟁은 하지 말자!

n분의 1만 사용하기

박진영이 사랑을 나눈다는 그 엘리베이터 안에서 사람들은 보통 미움을 나눈다. 내리지도 않았는데 먼저 타

는 사람, 타면서 안쪽으로 안 들어가서 뒷사람 들어가는
데 방해가 되는 사람, 타기 전에 큰 소리로 하던 얘기를
타고 나서도 멈추지 않고 계속 시끄럽게 하는 사람, 버
튼 좀 눌러달라는 데 못 들은 척하는 사람, 성추행이 의
심스럽게 달라붙는 사람, 역겨운 냄새가 나는 사람, 내려
야 하는 사람이 있는데 내렸다 다시 타지 않고 앞에서
문 막고 있는 사람 등등 ….

　여러 사람이 공간을 나눠 쓰는 곳에는 정원定員이
있다. 그러니, 우리가 첫 번째로 생각해야 하는 것은 공
간을 정원에 맞게 n분의 1로 나눠 써야 한다는 것이다.
택시를 타면 3~4명이 정원인 것을 인지해야 한다. 택시
뒷자리에 세 명이 탔는데, 마치 둘만 탄 것처럼 넓게 앉
으면 가운데 앉은 사람은 불편하다. 엘리베이터나 지하
철과 같은 공간에도 정원이 있다. 그것을 고려하지 않
은 채 행동할 때 위와 같은 불편한 상황이 발생하는 것
이다.

　명시적인 정원이 있는 엘리베이터는 물론, 지하철처
럼 수용 인원이 명시적으로 정해지지 않은 곳이라 해도,
자신에게 주어진 공간이 n분의 1뿐이라는 사실은 다름

없다. 비매너란 주어진 n분의 1 이상의 공간을 혼자 사용하는 것이다.

재채기의 화장실

인간인 이상 생리적인 현상을 피할 수는 없지만, 가능한 우아하게 처리할 수는 있다. 우아하게 처리하는 방법 중 최고는 다른 사람의 눈에 띄지 않게 하는 것이다. 예를 들어, 배변은 화장실에서 남들 눈에 띄지 않게 처리한다.

그런데 그 외에 코 풀기, 이 쑤시기, 재채기하기, 방귀 뀌기, 가려운 머리 긁기 등 하고 나면 개운한 몇몇 행동은 남의 면전에서 이루어지는 경우가 많고, 자칫하면 결례로 이어질 수 있다.

손수건이 필요한 이유는 화장실을 쓰는 것과 같이 우리의 생리적 현상에 대응하기 위해서다. 즉 침이나 콧물, 눈물 등 인간의 생리적 현상을 깨끗이 처리하기 위한 가장 전통적인 도구인 것이다. 특히 재채기를 할 때 본인도 모르는 사이에 크게 침이나 가래가 튀어 다른 사람을 불

쾌하게 하는 경우가 많으니 반드시 입을 막고 가급적이
면 손수건을 사용하는 것이 좋다.

명품 시계나 화려한 옷을 걸쳐 치장을 잘했더라도 유
사시 입을 막지 않아 침 파편을 날리거나 파편을 손으
로 막고 옷에다 슥 닦아버리면 무슨 소용인가. 생리 현
상이 있을 때 손수건을 사용하는 것이 문명인의 행동
이다. 손가락으로 콧구멍 파다 걸리는거나, 손에 튄 침을
옷에 문질러 닦다 걸리는 거나 거의 동급이다. 꼭 손수
건을 가지고 다니자.

맨발 유죄

／

발이 편하기로는 구두든 양말이든 벗고 있는 게 제일
이다. 누구든 기회만 생기면 다 벗고 맨발로 있고 싶지만,
공공장소일 경우는 두 가지 이유로 문제가 생길 수 있다.

하나는 발 냄새가 진짜 날 수 있다는 것이고, 실제 발
냄새의 유무와 관계없이 그걸 보는 사람은 발 냄새가 나
는 것 같아 불쾌하다는 점이 다른 하나다. 따라서 맨발

로 벗는 사람은 '난 발 냄새 안 나.'라고 생각하겠지만, 옆에 있는 사람은 대부분 '더럽게 왜 신발을 벗는 거야!' 라고 생각하게 된다.

합의점은 아예 신발을 벗지 않거나 최소한 슬리퍼라 도 대신해서 신는 것이다. 물론 이때에도 장소를 가려야 한다. '신발은 벗어도 양말을 신었으니 괜찮은 거 아닌 가.'라고 생각하는 사람도 있지만, "기차에서 옆에 앉은 남자가 구두를 벗는 바람에 발 냄새가 나서 오는 내내 죽는 줄 알았어!" 하는 사람도 있다.

뭐가 맞는 걸까? 진짜 발 냄새가 심한 사람도 "내가 무슨 발 냄새가 난다고 그래?" 하는 걸 본 경험이 많아 서, 나는 신발을 벗는 건 무조건 반대다. 자기 발에서 어 떤 냄새가 나는지 자신은 알기 어렵다. 그러니 '실제로 냄새가 안 난다'는 걸 이유로 삼으면 안 된다.

또 하나의 이슈는 식당 테이블 밑에서 구두를 반쯤 벗고 있는 것이다. 어느 경우나 식당이라는 장소 때문에 다른 사람에게 불쾌감을 줄 수 있지만, 비즈니스 자리에 서는 더더욱 그리하지 않는 것이 좋다. 테이블 아래라 상 대방에게 안 보일 것 같아도 다 보인다. 보이지 않는다

해도 비싼 밥 사며 안 좋은 인상을 주는 건 피하는 게 답이 아닐까.

누군가가 차에 태워줄 때

／

일을 하다 보면, 누군가를 차에 태워주거나 누군가의 차에 얻어 탈 때가 종종 생긴다. 직장에서 같이 출발해 같이 돌아올 때는 문제가 없지만, 어딘가에서 만나서 차를 탈 경우, 또 어딘가에서 내려줄 경우에는 역시나 매너가 필요하다.

어디에서 태우고, 어디에 내려주는 게 좋을까? 다시 말하지만, 매너의 관점에서는 적정한 거리가 늘 좋은 기준이다. 이때의 적정선은 어느 한쪽만 100% 편하지 않은 곳이다. 탈 때는 내가 조금 걸어나가더라도 상대방이 좀 더 편한 곳―차를 몰고 오는 사람의 동선에서 멀리 돌아가지 않고, 정차하기 편한 곳―을 만남 장소로 정하고, 내릴 때도 마찬가지로 내가 좀 걸어 들어가더라도 상대방에게 '이 사람이 나를 배려해서 일부러 여기서 내려달라고 하는구나.'라는 생각이 드는 장소가 딱 좋다.

우리는 가끔 논리적으로 아주 명쾌한 사람들을 태우기도 한다. "기왕 태워주는 거, 우리 집 앞에까지 좀 들어가자!" 자신을 태우고 운전하느라 고생한 사람에게 매너가 아닐뿐더러 그냥 기분이 좀 안 좋다. 높은 확률로, 다음번에는 그 차를 얻어 타지 못하게 된다.

골프 매너

요즘은 예전처럼 비즈니스에 골프가 필수는 아닌 듯하지만, 그래도 골프 매너를 빼먹을 수는 없어서 몇 가지 정리해본다. 돈과 시간을 비교적 많이 잡아먹는 운동이고 비즈니스와 연결되는 일도 많아 매너가 유난히 강조된다. 그러니 민폐를 끼쳤을 때의 데미지는 그만큼 크다.

1) 약속 시간에 늦지 마라. 시간에 예민한 운동이니 가급적 미리 와서 다른 사람을 배려하자.
2) 스코어를 정직하게 적어라. 얼렁뚱땅 스코어 카드를

조작하는 사람은 법인 회계장부도 분식할 사람처럼 보인다.

3) 일반적으로 108타 이상 스코어는 규정상 시간 지체로 플레이가 금지되어 있다. "내 돈 내고 내가 많이 치겠다는데 누가 뭐라 하냐?"고 얘기하면 안 된다.

4) 앞 팀과 뒤 팀 사이에서 시간 운용을 잘해야 하는 것은 선택이 아닌 의무사항이다. 앞 팀과 떨어지지 않도록 하고 뒤 팀을 기다리게 하지 말자. 팀에게 주어진 시간의 대략 4분의 1을 개인이 사용해야 된다는 점도 유의하자. 혼자 너무 많은 시간을 쓰면 안 된다. 내 시간을 줄여서 가급적 상대방에게 쓸 수 있는 시간을 더 주는 배려를 해라.

5) 사람들은 골프를 즐기러 나온 거지 당신 연습하는 거 구경하러 나온 게 아니다. 뒤 팀 안 온다고 다시 쳐보지 말고 연습은 연습장에서 하고 라운딩 중에는 즐거운 플레이가 되도록 노력하라. "좀 못 치면 어때." 하는 사람도 있는데, 못 쳐도 되지만 108타 넘으면 안 되는 게 원칙이고 당신이 시간을 지체하면 동반자가 활용할 시간이 줄어든다는 점을 상기해라.

6) 부탁받지 않은 경우 다른 사람 레슨 하지 마라. 80대 초반 이하 스코어 아니면 당신 레슨이 틀릴 확률이 99%다. 약은 약사에게 레슨은 프로에게.

7) 담배는 동반자로부터 멀리 떨어져서 피워라. 좋은 공기 마시러 갔다가 기분 나빠진다. 당신은 멀리 간다고 몇 걸음 떨어졌겠지만 그 정도로는 담배 냄새를 안 나게 하는 데 전혀 도움이 되지 않는다. 적어도 20미터 이상 멀어지고 바람의 방향도 고려해야 냄새를 피할 수 있음을 꼭 명심하길 바란다.

8) 캐디한테 반말하거나 음담패설 하지 마라. 당신은 웃자고 하는 얘기겠지만 전혀 웃기지 않을뿐더러 꼴불견이다.

9) "공이 왜 안 맞지?"라는 소리 하지 마라. 방금 그 공 당신이 친 거다. 남들이 당신이 친 공이 왜 안 맞는지 어찌 알겠나.

10) 볼마커 치우며 공 놓는 위치 당기지 마라. 정말 치졸한 일이고 당신의 신용이 떨어진다.

11) 클럽 자랑하지 마라. 비싼 골프채 자랑하는 사람은 시험 볼 때 볼펜이 비싸다고 자랑하는 사람이나 마

찬가지다. 그냥 공이나 잘 치려고 노력해라. 그것도 남들이 "굿샷!"이라고 해줘야 잘 친 거다.

12) 남이 칠 때 반드시 주목해라. 샷을 동시에 해서는 안 된다. 노래방에서 한 곡씩 부르듯이 한 스윙씩 하는 게 골프 매너다.

13) 회원이 초대했을 때 초대에 대한 감사와 더불어 좋은 골프장이라는 찬사를 잊지 마라. 기껏 초대받아 와서는 "난 다른 어디 골프장이 진짜 좋더라." 같은 소리를 하면 안 된다. 퍼블릭이 아닌 경우, 남의 집에 초대받아 간 것과 같다.

14) 회원이 본인 회원가를 그냥 n분의 1로 계산하자고 배려하면 반드시 고맙다고 인사하자. 그 사람은 회원권 구매한 이자로 매달 100만 원 이상의 비용을 이미 내고 있는 것과 같다.

15) 클럽하우스나 그늘집에서는 모자를 벗어라. 외투와 모자는 실내에서는 벗는 것이 원칙이다.

16) 첫 골프 라운딩을 대동해주는 사람은 자신의 귀중한 시간을 당신을 위해 희생해준 사람이다. 꼭 고맙다는 인사와 함께 식사 대접을 해라.

3부

평판이 곧 신용이다

11장

매너가 평판을
좌우한다

평판이 신용이다

／

은행에서 돈을 좀 빌리려고 하면 보통 일이 아니다. 집을 담보로 넣는 것으로 모자라 대출한도와 이자율에서 은행이 나를 어떤 등급의 사람으로 보는지 드러나는 것이다. 그러나 이런 일은 사회에서 내 평판으로 받는 크레딧이나 이자율에 비하면 아무것도 아니다.

부모 잘 만나서 강남의 아파트 하나 물려받아야만 은행에서 받을 수 있는 대출한도를, 사회에서 쌓은 평판이 좋으면 그 아파트 없어도 늘려나갈 수가 있다. 평판은 실력보다는 됨됨이에서 나오고, 됨됨이는 대부분 말과 매너에서 드러난다.

시간 약속을 잘 지키는 친구에게 조금이라도 더 많은 돈을, 조금이라도 더 싼 이자에 빌려줄 수 있다. 반대로, 거짓말을 자주 하거나 행동에 신뢰가 가지 않는 친구에게는 있는 돈도 없다 하고, 설령 빌려주더라도 빡빡한 조건과 높은 이자율을 요구하게 될 것이다.

알리바바의 창업자 마윈이 큰손 손정의를 만나는 것과 같이, 돈을 번다는 것은 어떤 부자를 만나 스파크를 내면서 융성해지는 경우도 많다. 그런 기회는 평상시의 시간 약속 지키기, 거짓말 안 하기, 남의 험담 안 하기, 화 안 내기 등 의외로 겉보기에는 단순한 일을 실천함으로써 얻을 수 있다.

꼭 돈을 빌리는 경우에만 해당하는 얘기가 아니다.

비즈니스를 배우는 것에서도 마찬가지로 적용된다. 선생님 없이 어떻게 바이올린을 배우겠는가? 돈을 버는 것도 누군가 잘하는 사람한테 배우는 것이지 혼자 독학으로 알게 되는 경우는 드물다. 돈이 정말로 많고 확실한 노하우가 있는 사람이 원하는 게 무엇일지 생각해보라! 자기 뒤통수 안 칠 것 같고, 거짓말 안 하고, 성실한 사람이다. 자기한테 조금이라도 돈이 될 일을 가져왔다고 쌍수를 들고 환영하지 않는다. 그들에게 돈은 이미 충분하니 말이다.

우리는 앞으로 수없이 다양한 경험을 하면서 비즈니스를 이어가게 될 것이다. 당신이 지금 당장 누리고 있는 위치나 지위는 길어야 몇 년밖에 지속되지 않고, 결국 남는 것은 평판이다. 세상엔 금고에 들어 있는 10억 원보다 훨씬 더 큰돈이 투자할 곳을 못 찾아 헤매고 있다고 한다. 우리는 그런 돈과 마주칠 기회를 아주 사소한 나쁜 습관 때문에 매일 매일 잃고 있다. 비즈니스란 소수의 돈 많은 사람의 큰돈이나 적은 금액이지만 여러 사람의 돈을 내 주머니로 옮기는 일이다. 두 가지 경우 모두 신용이 접속의 기본이 된다. 어떻게든 좋은 평판을 쌓아 낮은 이자율로 돈을 융자 받거나 투자 받을 수 있는 사람이 되자!

매너와 평판

법으로 금지된 일을 하다가 걸리면 법의 제재를 받는다. 법을 무시하고도 걸리지만 않으면 된다는 이도 가끔 있다지만, 대부분의 사람들은 꼭 처벌이 무서워서가 아니라 해도 가능한 한 법을 준수하며 살려고 노력한다.

그렇다면, 법을 준수하는 것과 매너를 지키는 것은 어떻게 다른 일일까? 매너를 지키지 않으면 우리에게 어떤 제재나 피해가 오는 것일까? 매너를 잘 안 지키면 왜 손해일까? 결론적으로 말하면, 법을 어기다 걸리면 티가 나서 돈으로든 몸으로든 때우면 되지만, 매너는 지키지 않아도 티가 안 나서 오히려 골병이 든다. 바로 평판이 무너지는 것이다.

그러면 좋은 평판이란 무엇일까? 자기 집 금고에 현금 1억 원이 있는데 가족과 여행을 떠났다. 인천공항에서 생각해보니 아무래도 금고문을 열어놓은 것 같다. 당신은 누구에게 전화를 걸어서 출입문 비밀번호를 알려주고 금고문이 닫혀 있는지 확인해달라고 부탁할 것인가? 그런 판단을 할 때 어떤 기준을 적용하는지 떠올려보자.

믿을 만한 사람, 평소 도덕적인 사람, 나와 오래 알아온 사람, 돈이 많아 그 돈에 욕심 내지 않을 사람 등의 기준이 떠오를 것이다. 지금 여기서 하는 모든 얘기는 그런 상황에서 선택받는 사람이 되자는 것인데, 결국 그것이 행실이 쌓인 신용에서 나온다.

사람의 뇌는 본능적으로 다른 사람들의 행위 하나 하

나를 검토하여 '이 사람 괜찮은 사람인가?' '기회가 생기면 같이 일을 해도 좋을까?' '공평한 사람일까?' '일을 하면서 얌체 짓을 하지 않을까?' '내 돈을 맡겨도 안전할까?' '나를 속이지 않을까?' '사람을 바보 취급하며 잔머리를 굴리지 않을까?' '저 사람이랑 같이 다니면 내가 욕을 먹을까, 빛날까?' '과연 저 사람을 내 친구에게 소개시켜줘도 괜찮을까?' 등등의 질문을 던지며 느낌이라는 대답을 축적시켜놓는다.

이런 평가는 아주 사소한 것에서 비롯될 수도 있고, 심지어 그리 과학적이지 않을 수도 있다. 우리 뇌는 하루에 약 오만 가지의 생각을 한다지 않는가? 스스로에게 한번 물어보자. 그런 오만 가지 생각 중에 근거가 명확히 있거나 논리가 확실한 게 많을까? 문제는 이런 스캐닝에서 한 번 평가를 나쁘게 받은 사람에게는 좋은 비즈니스 제안이 들어올 확률이 현저히 떨어진다는 사실이다.

살벌한 얘기 같지만, 본인은 아무 생각 없이 저지른 순간의 행동, 부지불식간에 일어난 비매너로 인해 새로운 기회를 잃게 된다. 나의 비매너가 상대방 뇌의 스캐닝에 걸려 부정적 평판이 형성되면 비즈니스 기회는 사라진다. 더군다나 두 당사자 모두 그것을 인식조차 하고 있지 않는데 말이다.

사람들이 당신한테 뭔가 돈 되는 일을 같이 하자는 말을 하지 않거나, 당신에게 돈 되는 일이 있어 한번 같이 해보자고 말했는데 딴청들을 피운다면, 당신은 평판의 스캐닝에서 탈락한 사람일 확률이 높다고 말해주고 싶다.

곁불을 쬐면 과연 이익일까

추운 겨울, 다른 사람이 피워놓은 모닥불에 손만 들이대고 불기를 쬐는 것을 곁불 쬔다고 한다. 대개 처음엔 이렇게 손만 녹이다가 차츰차츰 비집고 들어가서 온몸을 녹이게 된다. 이 상황을 좋게 얘기하면 "어차피 피워놓은 불에 돈이 더 들어가는 것도 아니고 잠시 몸 좀 녹였기로서니 뭔 흠이냐!"고 할 수 있지만, 나쁘게 말하면 변죽이 좋아 무임승차를 하는 행태다.

이와 비슷한 경우로 숟가락 하나 더 얹는 것이 있다.

남이 차려놓은 밥상에 숟가락 하나만 들이대다가 결국엔 "여기 1인분 추가요~"로 가는 코스다. 심지어 예전에는 담배를 일부러 자기 돈으로 안 사는 사람도 있었다. 빈 갑만 들고 다니면서 "어! 다 떨어졌네!" 하고 한 개비씩 얻어 피운다. 눈치 봐서 괜찮은 것 같으면 "지금 담배 사러 가기가 뭣해서 그러는데 몇 개비만 더 달라."고 해서 그 빈 갑을 일부 채워가는 경우도 있었다.

이론적으로는 곁불 쬐고, 숟가락만 얹고, 어떻게든 무임승차를 하는 사람이 돈을 아끼니까 잘살 것 같다. 과연 그럴까?

모닥불을 먼저 피워놓고 와서 몸 좀 녹이라고 하고, 숟가락 하나 더 놓는 거니까 부담 갖지 말라고 하고, 빈 갑에 담배를 다섯 개비나 넣어주고, 술값 먼저 내고, 그다음에도 또 사는 사람은 누굴까? 바보라서 그러는 걸까? 당신을 만나기에 부족한 사람이어서 돈이라도 내는 것일까? 당신이 갑이어서일까? 아니다.

이런 경우 당신은 이미 그들로부터 무임승차자 수준의 사람으로 분류되어 있을 확률이 높다. 그냥 깍두기로 인정받고 들어가는 것이다. 그런 모임에서는 깍두기인 당신에게 중요한 정보가 공유되거나 좋은 제안이 올 확률도 떨어지게 되는데, 비즈니스의 관점에서 보면 낙제 수준의 점수를 받은 것이나 다름없다.

우리는 항상 '나에게 좋은 비즈니스 소스가 있다면 누구에게 연락할까? 좋은 비즈니스를 함께 하자고 누구에게 제안할 것인가?' 자문해볼 필요가 있다. 평소 작은 일에도 생각이 바르고 매너가 좋으며 셈이 분명한 사람이 큰 기회를 얻을 확률이 높지 않겠는가? 자신이 그런 사람인지 반성해보라.

한 번 형성된 평판이나 이미지는 쉽게 변하지 않는 것이라 무섭다. 곁불의 저주는 '한 번 곁불은 영원한 곁불'이 된다는 것이다. '숟가락만 하나 더 얹자!'는 사람에게, 하늘은 숟가락만 준다.

잘 짚고 넘어가야 신용이 쌓인다

10,000원을 셋으로 나누어야 할 때, 다른 두 사람에게는 3,000원씩을 주고 자기는 4,000원 갖는 사람이

있다. 잔돈이 없어서 그랬다고 변명하지만, 그걸 보는 사람들은 은연중에 '저 사람은 나중에 10억도 저렇게 나눌 수 있는 사람'이라고 평가하게 된다. 우리는 일반적으로 작은 경험으로 큰 상황을 예측한다. 바늘 도둑이 소도둑 될 것이라 생각하는 것이다.

평상시 잘 얻어먹기만 하는 사람이 있다. 지금 형편이 안 좋아서 그렇지, 잘되면 나도 살 거라고 큰소리친다. 하지만 그런 사람이 잘될 기회를 주변에서 안 물어다줄 확률이 높다.

비즈니스라는 것이 늘 그런 식으로 돌아간다. 기회를 못 얻는 사람들은 어떤 기회가 방금 자기 앞을 지나갔는지조차 모른다. 사람들은 일반적으로 셈이 명확한 사람과 사업을 같이 하자고 하고, 얻어만 먹는 사람에게는 술 사주고 정보만 얻거나 표면적인 얘기만 주고받는다.

내가 선배라서 밥을 사면 커피는 제가 사겠다는 후배가 있고, 커피까지 그냥 얻어 마시는 후배가 있다. 돈으로야 커피 한 잔 값의 작은 차이지만, 혹시 좋은 자리가 있어 추천할 일이 생기면 나도 모르게 첫 번째 후배를 추천하게 될 것이다.

물론 한 수 위 후배는 한 번 얻어먹은 다음에는 "형, 오늘은 제가 술 살게요. 저번에도 얻어먹었잖아요."라고 한다. 후배가 돈을 써서가 아니라 그런 태도에 높은 점수를 주게 된다. 그런 친구는 그 순간에 파트너 급으로 대하게 되고 좀 더 깊은 이야기를 주고받게 된다. 자기가 사회적으로 갑의 위치일 때도 마찬가지다. "요즘 고마운 일이 많아서 오늘 점심은 내가 낸다."고 할 줄 아는 사람이 인생을 길게 볼 때 인심도 얻고 큰 기회도 잘 포착한다.

돈을 번다는 것은 결국 사람을 통해서 좋은 기회를 소개받는 데서 시작한다. '득인이면 득천하'라는 말도 있지 않은가! 한마디 말, 작은 매너 하나가 운명을 바꿀 수 있고, 사소한 거짓말이나 싸가지 없는 말투 하나가 일생일대의 기회를 지워버리기도 하는 것이 비즈니스의 세계다.

직원들에게 회사가 망해도 항상 데려갈 사람이 있도록 주변에 보험을 들어놓으라고 얘기한다. 나 역시 사회생활 하면서 잘못돼도 갈 수 있는 곳 한두 군데는 늘 곁눈질하면서 일해왔다. 사람이란 일을 하다가 언제 한방에 갈지 모르니까 말이다. 콘텐츠나 진검 실력으로 남을 감동시키는 것도 물론 좋지만, 매너를 지키고 좋은 평판을 쌓아나가는 것만으로도 충분히 멋진 운명을 개척할 수 있다.

12장

가졌을 때
겸손한 게 매너다

유리할 때 완전히 이기지는 않는 매너

／

고 최인호 작가의 대하소설 《상도商道》에서, 의주상인 임상옥은 장사는 이문을 남기는 것이 아니라 사람을 남기는 것이라 했다. 셈에만 밝기보다는 약간은 손해를 보더라도 긴 안목으로 주변 사람들의 마음을 얻어야 한다는 뜻이다.

거래라는 것을 하다 보면 누군가는 유리한 입장에, 반대로 누군가는 불리한 입장에 서게 된다. 이때 내가 유리하더라도 온 힘을 다해 이기지 않는 것이 좋고, 그게 진정한 프로다.

내가 이길 수 있을 때 상대를 완전히 제압하지 않는 것을 덕德이라 한다. 우리가 마음을 다해 사람을 사랑하는 인仁을 이루기는 쉽지 않으나, 유리할 때 그 힘을 과용하지 않아 덕을 베푸는 것은 크게 어렵지 않다. 인과 덕은 내 주변에 사람을 모이게 하고 그 힘으로 우리는 임상옥이 말하는 더 큰 의미의 장사를 도모할 수 있다.

베푼다는 것은 꼭 큰돈이 들거나 거창한 일이 아니다. 감을 따면서도 까치밥은 남겨두는 것과 같다. 중국집에서 술을 한잔하는 경우라면 "여기 짬뽕 국물 좀 더 주세요." 하지 말고 "짬뽕 국물 안주로 하나 만들어주세요. 계산은 따로 하시구요."라고 말하는 습관을 기르는 거다. 양식당에 와인을 가져가서 마셨는데 별도의 비용을 청구하지 않으면 '오늘 웬 떡이냐!' 하지 말고 고맙게 잘 먹었다면서 서비스를 해준 직원에게라도 작은 팁을 주는 매너를 갖추는 거다.

돈 버는 사람 주변에는 돈이 많거나 책이 많거나 사람이 많다. 돈이 돈을 버는 것은 예외로 하고, 특수한 직종이 아닌 한 대부분의 돈은 머리로 버는 거다. 차이가 있다면 책을 가까이 해서 내 머리로 버느냐, 사람들을 많이 알고 지내면서 남의 머리로 버느냐다. 늘 남에게 베풀고 대접하지만 그렇게 쓰고 베푼 돈 이상의 재산을 항상 모으는 사람들이 있는데, 그것이 바로 덕을 통해 남의 지식을 잘 활용한 결과다.

좋은 평판의 출발은 겸손

/

예전에 잘나가던 금반지, 금시계가 요즘은 도통 먹히지 않는다. 1990년대까지만 해도 금이 둘러지면 좀 있어 보였다. 심지어 치아도 서민은 아말감, 부자는 금이빨이었고, 도금한 목걸이만 걸쳐도 좀 먹어줬다. 하지만 요즘은 이상할 정도로 금의 이미지가 추락했다. 다른 나라는 몰라도 적어도 한국에서는 수천 년 이래 초유의 푸대접이 아닌가 싶다.

자기 과시적 욕구가 좀 검박해진 걸까? 그렇게 보이지는 않는다. 금딱지의 자리를 명품 딱지가 차지했을 뿐인 듯하다. 다른 사람에게 명품 레이블을 슬쩍 보이게 하면서 느끼는 쾌감은 1980년대 금이빨 해넣고 크게 웃던 졸부의 또 다른 현시가 아닐까? 명품 브랜드 로고로 도배하듯 만든 것도 디자인이라고 하는 요즘의 작태를 보면, 30년 후의 인류는 앞니도 금으로 해넣던 예전 졸부쯤으로 우리를 치부하지 않을까 싶다.

빈 수레가 요란하다는 걸 모른다면

갑 중에서 제일 무식한 갑이 갑과 을만 아는 것인데, 그나마 5년 이상 갑의 자리에 있어본 사람은 병도 안다. 철이 드는 거다.

갑이라는 것은 본래 음양오행의 십천간十天干에서 나온 말로, 갑, 을, 병, 정, 무, 기, 경, 신, 임, 계甲乙丙丁戊己庚辛壬癸의 순이다. 여기에 음과 양이 붙고 목, 화, 토, 금, 수의 오행과 어우러져 천지만물의 나고 죽고, 좋고 나쁘고, 강했다 소진되고, 흥했다가 망하는, 우주의 돌고 도는 이치가 작용한다.

여기서 알아야 하는 것은 소위 갑을이란 겉으로만 보이는 관계이고, 실상은 보이지 않는 또 다른 관계가 있다는 사실이다. 우리는 늘 보이지 않는 것을 보아야 돈을 잘 벌 수 있다. 돈을 버는 것도 어떤 이치가 작용하기 때문이다. 공부해서 무기경신임계까지 알게 되면 갑이 결코 으뜸이 되는 하나가 아니라 그저 순환하는 열 가지 현상의 하나일 뿐이라는 사실을 알게 된다. 여름 다음이 겨울이고 겨울 다음이 여름이면 그 변화가 명확해 참 알아먹기 쉬울 텐데, 얄궂게도 여름 다음이 가을이고 겨울 다음이 봄이라서 헷갈리는 게 세상의 또 다른 이치다.

힘이 있어 갑질하는 사람도 있고 부자라서 갑질하는 사람도 있다. 하지만 진짜 힘이 있는 사람은 힘을 함부로 쓰지 않으며 돈이 진짜 많은 사람은 돈에 집착하지 않고 기부하는 사람이다. 세금도 법에서 정해진 그대로 다 낸다. 기부도 아까워서 못 하고 세금도 내지 않고 이리저리 빼돌리는 사람은 결코 진짜 부자가 아니다. 나는 누가 돈 많다고 자랑하면 "당신 1년에 기부를 얼마나 하느냐?"고 물어보곤 한다. 그 사람이 어떤 차를 타는지 보지 않고 그 회사의 직원이 어떤 차를 타는지 본다.

진짜 싸움 잘하는 친구들이 남 괴롭히지 않고 조용히 지내듯이, 우리 주변의 진짜 부자들은 가진 돈을 자랑 삼아 드러내지 않는다. 아직 부족한 빈 수레들이 갑질한 답시고 요란을 떨고 있는 것이다.

4부

경영자의 세상 보기

13장

어떻게 미래를
준비할 것인가

자수성가라는 착각

　예로부터 성실하게 노력하고 착하게 살면 결국은 잘된다는 권선징악의 스토리가 사람들에게 규범으로 각인되어왔다. 성공하려면 성실하고 착해야 한다는 처세를 알려주기 때문이다. 그러나 현대를 사는 우리에게 규범이 되는 것은 자수성가의 성공담이다.

　매스컴에서는 "자, 이 사람을 보라! 이런 열악한 환경에서도 성공한, 이 갑돌이와 갑순이를 보라!"며 매일처럼 자수성가의 영웅들을 만들어내고 있다. 그런데 이런 자수성가 영웅론이 현대인들, 특히 젊은이들에게 또 다른 스트레스를 제공하는 것도 사실이다.

　자수성가란 부모에게 물려받은 재산이나 배경 없이 자기 혼자의 힘으로 성공하여 높은 지위에 오르고 재산도 모았다는 것이다. 자수성가의 성공담을 자꾸 들먹이는 것은 "성공하는 사람이 얼마나 남이 감동할 수준으로 노력하는지 너희는 아느냐?"라고 강변하는 것이며, 그러니 사회를 원망하기보다는 자기의 문제를 직시하여 개선, 발전시키라는 압박이다.

또한 부모로부터 물려받은 것이 없어도 얼마든지 이 사회의 어려움을 이겨낼 수 있으며, 그러지 못한다는 것은 곧 네가 게으르고, 노력이 부족하며, 패배주의적인 사고를 한다는 비난이다. 그러니 자기혁신을 통해서 부정적인 생각을 개선해서 승자의 자리를 차지하라는 것이다. 물론 그러지 못한 경우 패자의 자리를 수긍해야 한다는 것이고.

하지만 내 생각은 "그게 그렇게 쉬운 거면 너도 가진 거 다 내려놓고 다시 한 번 그렇게 해보든가."다.

부모로부터 물려받은 자산이 없는 사람이 성공하거나, 소자본으로 창업하여 대기업의 무자비한 칼날을 피해 살아남고 성공하기란 남들이 5 대 1로, 아니 10 대 1로 팀을 짜서 싸우는 게임을 1 대 1로 나 혼자 하는 것처럼 힘든 일이라는 사실을 나는 누구보다 잘 안다.

물론 스스로의 피나는 노력과 지극 정성이 뜻을 이루는 데 도움이 될 수는 있을 것이고 실제 그런 케이스도 없지 않다. 하지만 거기에는 적어도 두 가지 숨겨진 기제가 작용하곤 한다. 첫째는 운이 좋았다는 것이고, 두 번째는 타고난 지능지수^{IQ}가 높은 사람인 경우가 압도적으로 많다는 것이다.

전자는 복잡한 확률의 문제일 수도 있는데, 성공한 사람이 목소리를 높이기 때문에 그 확률이 상당히 심하게 왜곡된다. 한편 후자는 본인의 지능지수가 좋은 것 또한 부모에게 재산을 물려받듯 물려받은 것이기 때문에, 운이 좋았다고밖에 할 수 없다.

태생적으로 지능지수 130에서 150 사이로 태어난 사람이 자신의 유리할 수밖에 없는 조건은 간과하고 "내가 이러저러하게 노력했더니 이만큼이나 성공했다. 그러니 너희도 할 수 있다!"라는 식으로 얘기하면 안 된다. 자신 역시 '이게 과연 될까?' 하며 가슴 졸이던 숱한 밤들과, 물려받았을 뿐인 남들보다 월등한 지적 자산에 대한 계산이 빠져 있는 것이기 때문이다.

바둑에서 5급은 절대로 1단을 이길 수 없다. 그저 숫자의 차이처럼 보여도, 급과 단의 차이는 넓디넓은 강과 같은 것이다. 이처럼, 소위 성공이란 지식^{Intelligence}과

사고reflection, 노력effort과 인맥network, 자본capital과 기득권innated, vested interests의 '곱셈'(덧셈이 아니라 곱셈이다. 이걸 아는 게 중요하다.)이 복합적으로 연출된 결과물이다. 이것을 단순히 '하기 나름'이라고만 말하는 것에 나는 반대다. 자칫 잘못하면 이 복잡한 공학의 효력을 모른 채 뼈저린 좌절만 경험할 수 있기 때문이다.

타고난 지능지수가 10만 차이 나도 키가 190cm인 사람과 160cm인 사람이 농구시합을 하듯 불공정한 경쟁 구도가 된다. 따라서 지능이 높은 사람은 자신의 경쟁력을 반드시 인지하고 그렇지 못한 사람들을 배려해야 한다.

아마도 성공한 많은 이들은 노력하면 지능이나 배경의 차이쯤은 극복할 수 있다고 생각할 것이다. 그런 이들에게는, 자신이 공부나 사업이 아니라 운동을 했을 때에도 그런 성공을 했으리라 믿느냐고 묻고 싶다.

또한 자본가의 자식으로 태어나 무엇을 곱해도 무조건 쉽게 자산이 증식되는 환경에서 성공했음에도 자기가 똑똑하고 노력까지 해서 성공했다고 홍보하는 사람도 있다. 그런 이에게는 본인의 배경이 통하지 않는 조건에서 보통 사람처럼 직장생활이나 사업을 해보고 자기가 얼마나 유능하지 않았는지 깨닫는 경험을 해보라고 조언해주고 싶다.

지능지수가 일반적인 수준이고 부모 덕을 받지 못한 사람이 자기보다 성과가 낮을 때, 그것을 비방하기보다는 자기가 운이 좋았던 것이라고 감사하는 겸허한 마음, 그리고 자기보다 못한 조건 속에서 악전고투하는 이들을 배려하는 사회적 이타심을 가져야 한다.

또한 그들을 위한 사회적 배려와 시스템 역시 반드시 필요한 것이라고 인정하고, 그러한 제도가 개선되고 정착할 수 있도록 협조해야 한다. 나는 그것이 돈이나 머리 또는 그와 유사한 재능을 물려받고 태어난 운 좋은 사람들이 가져야 할 사회적 매너라고 생각한다.

왜 곱셈인가

왜 성공 공식은 덧셈이 아니라 곱셈일까? 내가 가진 지식과 사고, 노력과 인맥, 자본 등이 상호작용하는 메커

니즘이 그렇다. 그저 기계적으로 합쳐지는 게 아니라 화학적으로 반응해 키워진다. 반대의 경우도 있다. 내가 그런 자원을 각각 1만큼 가지고 있을 때, 덧셈이라면 5가 되지만 곱셈이기에 1에 그친다. 부모의 평범한 재력, 나의 평범한 능력을 곱해봤자 1인 것이다. 더 심한 경우가 있다. 그중 어느 하나가 0이라면 무엇과 결합해도 0이 된다. 예를 들어 부모가 물려준 재력이나 인맥이 100에 가까워도, 내가 가진 지식이나 사고 혹은 노력 중 하나만 0이라면 모든 것이 0이 된다. 내가 매너를 강조하는 이유도 이 공식에서 도출되는 것인데, 아무리 사소해 보여도 그 모든 것을 0으로 만들 수 있기 때문이다.

생각해보자. 대부분 서민의 곱셈은 대개 자신이 가진 지식과 사고 3에 노력과 인맥 5를 곱하는 정도다. 부모의 재력 10이 곱해질 여지가 없기에, 열심히 노력해서 지식과 사고 3을 4나 5로 만들거나 노력과 인맥 5를 6이나 7로 만드는 것이 고작이다. 다만 내가 가진 것이 2밖에 안 되어도 1,000을 만나는 레버리지를 얻으면 2,000의 결과를 낼 수 있다. 그것을 가능하게 하는 매개가 바로 매너다.

곱셈의 비관과 낙관

살아보니, 세상은 이처럼 불공평한 면이 많다. 상위 소수가 대부분의 부를 소유하고 있으며, 이런 현상은 점점 더 심화되고 있다. 이들이 정치권력과도 손쉽게 영향력을 주고받을 수 있는 구조이고 또한 이러한 사례는 사회 곳곳에 만연되어 있다. 보이지 않는 변수인 지능이나 지식도 소득격차에 따라 고스란히 세습될 수밖에 없어 불평등한 구조는 점점 고착화되고 있다.

이런 불평등한 구조의 곱셈에서는 부모의 지능, 학력, 재산 등에 의해 다음 세대의 결과도 상당 부분 정해진다. 부모에게 5,000을 받은 사람이 다시 7,000을 가진 사람을 만나 곱해지는 것이다. 고작 3 정도를 부모에게 받아 잘해야 8 정도를 곱하게 되는 서민은 아무리 노력해도 이들을 따라갈 수 없는 게 바로 '곱셈의 비관悲觀'이다.

대부분의 사람들은 인생의 20여 년을 비교적 규모가 큰 자본가가 운영하는 회사에 취직하기 위해 노력하고, 그에 성공하면 또다시 20~30년 동안 조기 출근과 야근, 주말 비상근무가 미덕인 직장생활을 한 후 쓸쓸한 말년을 맞이한다. 한국의 자본주의 사회는 이처럼 개인의 삶이 회사에, 자본에 종속되게 만들어져 굴러간다.

우리는 이런 자본종속적 구조에서 어떻게 벗어날 수 있을까? 적어도 이런 관행이 잘못되었다는 사회적 공감이라도 만들어낼 수 있을까? 우리 스스로 5,000이 되고 7,000을 만나는 기적을 만들 수는 없을까?

우리가 사회 전체를 당장에 뜯어고칠 수 없다면, 그 답은 지식과 속도에 있다고 나는 생각한다. 핵심 지식을 선정해 키우고, 작은 숫자들끼리 알고리즘을 만들어 빨리빨리 곱해서 숫자를 튀기는 것이다. 다행히 요즘은 정보도 자본화될 수 있기 때문에 덜 가진 자의 기회가 커졌다. 거기서 50,000이나 70,000도 나올 수 있다. 이것이 '곱셈의 낙관樂觀'이다.

이런 '낙관적인 곱셈'이 가능하도록 하기 위해서는, 자신의 자각은 물론 직원에 대한 회사와 사회의 뒷받침이 필요하다. 회사가 직원의 미래를 외면하지 말고, 오히려 적극적인 교육과 지원을 제공해 은퇴 이후에도 그의 생계가 안전할 수 있어야 향후 고령화 시대의 사회적 부담도 감소할 것이라고 본다.

직장과의 결혼과 이혼

/

A. 갑돌이/갑순이는 상대를 아내/남편으로 맞아 서로
사랑하고 존중하며 살다가 50대에는 반드시 헤어질
것이고, 수틀리면 그 전에도 각자의 길을 걸을 것을
엄숙히 선언하십시오. 그러니(?) 서로 한눈팔지 말고
처음 만났을 때의 초심을 잃지 말고 늘 행복하게 사
세요.

이것은 내가 1992년 취업할 때 한 직장과 맺은 취업
서약을 주례사(?)의 형식으로 풀어본 것이다. 신입사원
이 된 나는 당시 이 말이 앞뒤가 맞지 않는다고 생각했
는데, 희한하게도 사람들 대부분은 이상하다는 생각 없
이 직장생활을 했다.

B. 평균수명이 100세에 이르렀다는 이 시대에, 이 결혼
은 50대가 되면 반드시 깨기로 한 것입니다. 그러니
서로 주고받는 것을 깔끔히 정리해놓고 결혼생활의
행복과 이혼 이후의 행복에 같은 비중을 두고 늘 미

래를 준비하고 자기계발을 합시다. 그리하여 인생 전체에서 LTM(life, time, money: 자기 생계를 위한 돈, 인생 여행을 위한 연료)을 유지하며, GUT(grow up together: 회사도 크고 직원도 성장하는 구조)를 통해서 늘 남에게 곱셈이 되는 꿈을 이루는 삶이 되도록 노력하며 삽시다.

이것은 내가 현재 우리 직원이나 지인에게 권하는 취업 주례사다.

앞으로 회사와의 이혼이 얼마 남지 않은 사람들이 여전히 A와 같은 주례사를 기준으로 살고 있는 것을 보면 참으로 안타깝다. 나는 A 주례사는 회사가 무책임하게 저지르는 일종의 사기라고 생각한다.

회사는 직원에게 LTM을 인식시켜 함께 고민하고 학습을 독려하며 대책을 강구해줘야 한다. 어차피 유한한 관계이면 직원의 발을 묶어서 도망가지 못하게 했다가 나중에는 은퇴시켜버리는 전족纏足을 하지 말고 미래 시장에서 살아남을 수 있도록 지속적인 교육을 제공해야 한다고 믿는다.

건강과 더불어 행복한 삶을 살기 위해서 늘 내 마음에도 새기고 타인에게도 자주 조언해주는 말이 있는데 바로 LTM(Life, Time, Money: 평생 동안 내가 써야 하는 금액을 계산해보고 벌이와 씀씀이에 대한 계획을 세우는 것)과 GUT(Growing Up Together: 세상이 변하는 만큼 나도 따라서 배우고 노력해서 사회가 필요로 하는 새로운 가치를 만들 수 있도록 회사나 주변 사람들과 함께 성장하는 것)라는 용어다.

인간은 결국 행복하기 위해 살아간다. 그 여정에 건강은 필수이며, 그 외에도 적당한 물질과 끊임없는 자기 학습이 중요하다. 그래서 LTM이다. GUT는 죽을 때까지 지속해야 하는 성장과 변혁, 깨달음과 성숙의 길이기도 하고 LTM을 성취하기 위한 수단이기도 하다.

우리가 흔히 가지고 있는 돈에 대한 개념은 연봉이 얼마다, 재산이 얼마다 같은 것이다. 그러나 그런 절대적인 액수가 크다고 해서 자신의 행복도 커질까? 사람마다 수명도 다르고, 사용할 수 있는 시간과 필요한 돈의 액수가 다 다르다. 하여 자신의 수명과 소요자금이 맞아떨어져야 한다. 돈은 없는데 수명이 길다거나 남은 인생은 짧은데 쓰지도 못할 돈만 쌓여 있을 수 있다. 이 매칭이 잘되어 있는가를 헤아려보자는 것이 LTM이라는 용어에 담긴 뜻이다.

자기의 LTM을 계산해보고 미래의 플랜을 스스로 만들어야 한다. LTM의 매칭이 잘 되어 있으면 행복하다. 그러나 수명과 자금이 미스매칭되는 순간 거기는 지옥이 된다. 우리는 LTM의 완성과 자신의 꿈을 동시에 추구해야 한다. 또한 건강한 몸과 편안한 마음이 뒷받침되어야 행복을 느낄 수 있을 것이다.

내가 직원들에게 자주 해주는 말 중에 하나가 "회사를 믿기보다는 시장에서 성장하고 있는 자신을 믿으라."는 것이다. 대부분의 기업은 평균수명이 사람보다 짧다. 자기보다 일찍 죽을 것에 의지해서야 의지할 게 없는 것이나 마찬가지다. 더군다나 정년 규정이 있음에도 마치 회사가 개인이 충성을 바쳐야 하는 대상인 양 착각하는 것은 위험천만한 일이다.

우리가 회사를 다니는 것은 GUT도 하고 LTM도 맞추기 위해서다. 그게 안 되면 지금 다니는 회사를 그만둘 준비를 해야 한다. 내 생계가 더 잘 보장되는 다른 회사로 옮길 수도 있고, 또 때가 맞으면 자신의 사업을 운영할 수도 있어야 한다. 중요한 것은 준비가 되어 있어야 한다는 점인데, 회사에서 제공하는 교육 등도 필요하지만 무엇보다 자기 스스로의 자각과 노력이 절대적이다.

이처럼 사회적 성공과 행복을 얻기 위해서는 우리가 사는 사회가 어떤 구조로 돌아가고 있는지 명확하게 인지하고 대응해야 하는데, 이 내용은 별도로 준비하고 있는 《인생은 꿈꾸는 여행이어야 한다Life Ought to be a Dreamy Journey》(가제)라는 책에서 상세히 설명한 바 있다. 이 책 《비즈니스 매너》에서는 매너와 기회를 주제로 이야기를 나눴지만, 끝으로 간단하게 그 개념을 소개하고 글을 마무리하고자 한다.

사람들이 보는 위치에 따라 코끼리가 코가 길거나 다

리가 굵거나 덩치가 큰 동물로 보이는 것과 같이, 행복도 관점에 따라 그 구성요소가 다를 수 있다. 하지만 인생을 여행에 비유한다면, 기본적으로 행복은 건강한 몸과 평안한 마음 그리고 여행을 지속할 수 있는 자동차와 연료 등이 필요하다. 물질을 얻기 위해서는 돈의 개념을 이해해야 하는데, 돈은 가치를 나타내는 상징임과 동시에 가치에 상응하는 수단이기도 하다. 즉 가치가 있으면 누군가가 그 가치와 교환하기 위해 돈을 지불하게 된다는 뜻이다. 음식점의 음식이 맛있으면 줄을 서서 사 먹듯이, 가치는 맛과 같은 것이다. 맛을 내기 위해서 음식의 레시피가 있듯이, 가치를 내기 위해 가장 중요한 것은 지식이며 이 밖에도 속도, 매너, 레버리지 및 네트워크, 좋은 가르침을 주는 선생님 등이 필요한데 이 중에서 매너에 대한 이야기를 여지껏 한 것이다.

　사실 지식이 가치인 경우가 압도적으로 많기 때문에 우리는 더 많이 배우려고 하고 직장에 들어가고 나서도 공부를 계속 한다. 그런데 매너가 없거나 행실이 바르다는 평판을 얻지 못하면 이것이 모두 무용지물이 된다는 뜻이다.

부디 여러분들도 속도, 지식, 매너, 레버리지, 선생님이라는 다섯 가지 양념을 잘 쳐서 좋은 맛을 내는 데 성공하기 바란다. 또한 그렇게 만들어진 가치를 사회에서 정당한 가격을 받고 교환하는 훈련을 쌓아, 물질적으로 부족함 없는 바탕 위에 행복한 꿈을 추구하며 살기 기원드린다.

비즈니스 매너

성공의 기회는 매너가 좋은 사람에게 찾아온다

초판 1쇄 발행 | 2019년 11월 25일
지은이 | 이재권

펴낸곳 | 도서출판 따비
펴낸이 | 박성경
편   집 | 신수진
디자인 | 이수정
출판등록 | 2009년 5월 4일 제2010-000256호
주소 | 서울시 마포구 월드컵로28길 6(성산동, 3층)
전화 | 02-326-3897
팩스 | 02-337-3897
메일 | tabibooks@hotmail.com
인쇄·제본 | 영신사

ISBN 978-89-98439-75-0 03320
값 13,000원